活在大唐

一日看尽长安花

覃宜明 著

新世界出版社

图书在版编目（CIP）数据

一日看尽长安花：活在大唐 / 覃宜明著 . -- 北京：新世界出版社，2022.9（2025.5重印）
ISBN 978-7-5104-7504-7

Ⅰ . ①一… Ⅱ . ①覃… Ⅲ . ①中国历史－研究－唐代 Ⅳ . ① K242.07

中国版本图书馆 CIP 数据核字 (2022) 第 143769 号

一日看尽长安花：活在大唐

作　　者：覃宜明
责任编辑：丁　鼎
责任校对：宣　慧
责任印制：王宝根
出　　版：新世界出版社
网　　址：http://www.nwp.com.cn
社　　址：北京西城区百万庄大街 24 号（100037）
发 行 部：(010)6899 5968（电话）　(010)6899 0635（电话）
总 编 室：(010)6899 5424（电话）　(010)6832 6679（传真）
版 权 部：+8610 6899 6306（电话）　nwpcd@sina.com（电邮）
印　　刷：嘉业印刷（天津）有限公司
经　　销：新华书店
开　　本：880mm × 1230mm　1/32　尺寸：145mm × 210mm
字　　数：250 千字　印张：10.5
版　　次：2022 年 9 月第 1 版　2025 年 5 月第 6 次印刷
书　　号：ISBN 978-7-5104-7504-7
定　　价：55.00 元

阎立本 《步辇图》（局部）

张萱 《虢国夫人游春图》（局部）

周昉 《簪花仕女图》（局部）

顾闳中 《韩熙载夜宴图》（局部）

佚名 《唐人宫乐图》

唐代长安城构造图

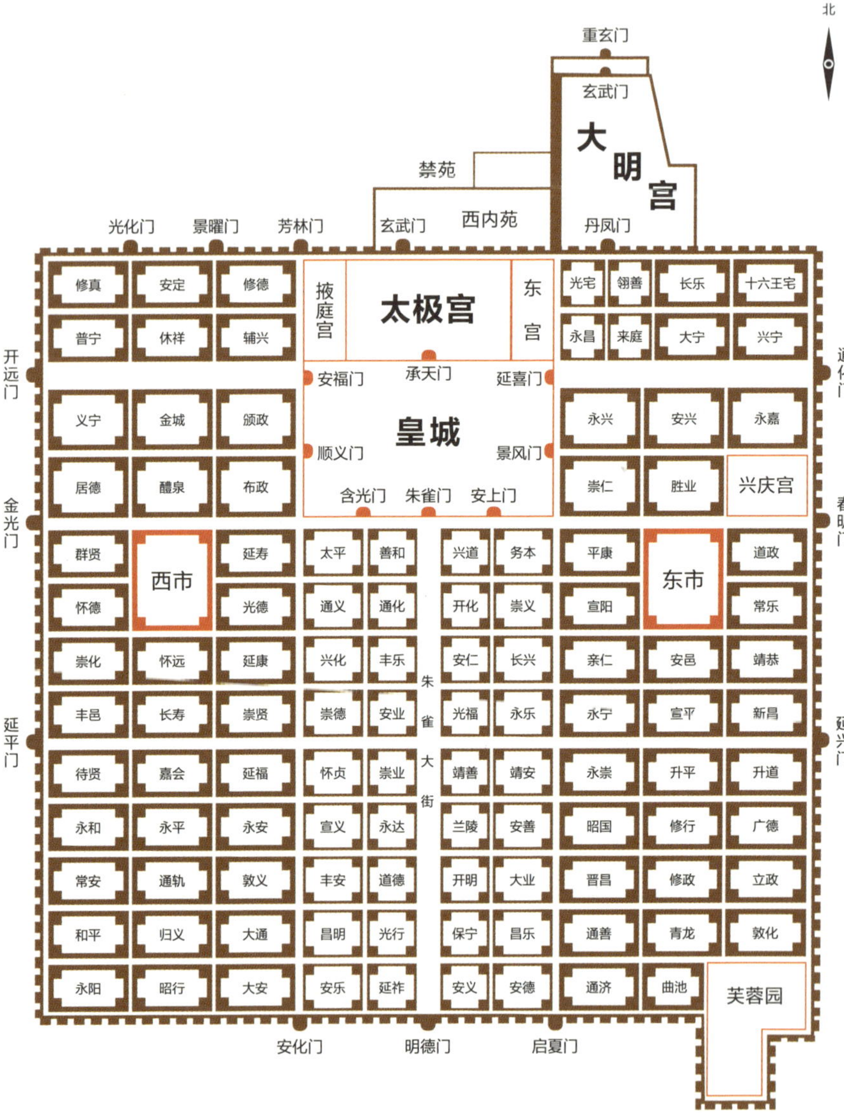
北
重玄门
玄武门
大明宫
禁苑
西内苑
玄武门
丹凤门
光化门
景曜门
芳林门
修真
安定
修德
掖庭宫
太极宫
东宫
光宅
翊善
长乐
十六王宅
普宁
休祥
辅兴
永昌
来庭
大宁
兴宁
开远门
安福门
承天门
延喜门
通化门
义宁
金城
颁政
皇城
永兴
安兴
永嘉
顺义门
景风门
居德
醴泉
布政
崇仁
胜业
兴庆宫
金光门
含光门
朱雀门
安上门
春明门
群贤
西市
延寿
太平
善和
兴道
务本
平康
东市
道政
怀德
光德
通义
通化
开化
崇义
宣阳
常乐
崇化
怀远
延康
兴化
丰乐
安仁
长兴
亲仁
安邑
靖恭
丰邑
长寿
崇贤
崇德
安业
光福
永乐
永宁
宣平
新昌
延平门
朱雀大街
延兴门
待贤
嘉会
延福
怀贞
崇业
靖善
靖安
永崇
升平
升道
永和
永平
永安
宣义
永达
兰陵
安善
昭国
修行
广德
常安
通轨
敦义
丰安
道德
开明
大业
晋昌
修政
立政
和平
归义
大通
昌明
光行
保宁
昌乐
通善
青龙
敦化
永阳
昭行
大安
安乐
延祚
安义
安德
通济
曲池
芙蓉园
安化门
明德门
启夏门

写在前面的话

相信很多中国人，或者甚至可以说很多华人心中，都有一个梦回大唐的憧憬。

大唐啊，那是一个万国来朝、八方来贺的盛世，是一个全民自信、包容开放的时代，是一方辉煌盛大、令人心驰神往的故土。

我们从影视剧中看到过大唐的辉煌与繁华，从历史书中读到过大唐的威严与才华，可是，假如我们真的穿越回唐朝，真的活在唐朝，那又会是一种什么体验呢？

翻看有关唐朝的历史书籍，不是在讲帝王将相、宫廷政变，就是在讲衣食住行、市井烟火，好像活在唐朝如不能身居高位，就只能做个平头百姓。

其实不然。

对于大多数普通的唐朝老百姓来说，读书求学、考取功名，最好能去长安一举夺魁，或许是其前半生最重大的一件事了。

那么，长安到底长什么样？怎么去读书求学？考取功名都有哪些渠道？唐朝的行政体系是怎么划分的？混迹官场需要注意什么？不同的官员享受的福利待遇有何不同？假如你真的回到了唐朝，做一个普通百姓，这些问题可能都是你有必要提前了解一下的。

女生可能会问了，如果我到了唐朝还想做个女子，我就不能考取功名了吧？还别说，在唐朝，女子还真能做官。当然，你要是不想做官，也可以考虑进宫当个后妃啥的。要实在不想与皇家和朝廷牵扯上关系，那也得懂得一些穿衣打扮、娱乐休闲、人际交往的规矩不是？

为了一解以上困惑，就有了这本《一日看尽长安花：活在大唐》。

书名取自唐朝诗人孟郊的一句诗——孟郊在公元796年考中进士后，心情得意，作了一首《登科后》：

昔日龌龊不足夸，今朝放荡思无涯。
春风得意马蹄疾，一日看尽长安花。

多年寒窗苦读，一日登科及第，风光无限，骑着高头大马走在长安大街上，享受万众瞩目和无数人钦佩的眼光，这是多少大唐人的终极梦想啊！

孟郊金榜题名后，说自己一日看尽了长安的繁华与无数的“春花”。但偌大的长安，拥挤的街道，又岂是他“一日”就能“看尽”的？这里只是表达了诗人那种春风得意的心情罢了。

同样的，这么一本小书，显然是无法将“活在大唐”的全部细节统统展现给大家的，只好拣出那个时代人们最关心的一些话题，权当作“一书看尽大唐事”吧。

因为，我真的非常希望大家能和我一样，了解并热爱唐朝的点点滴滴。但受能力和篇幅所限，无法包罗万象、事无巨细，倘若本书的字里行间能帮助你多了解一点真实的唐朝，我心便足矣。

啰唆的话不再多说了，感谢你们耐心看完，书中若有考证不足和谬误待商榷之处，恳请大家批评指正。

接下来，就让我们一起回到唐朝，体验大唐生活吧！

目录

第一章
生活在大唐长安是一种什么体验？

第二章
在唐朝上学是一种什么体验？

第六章
在唐朝吃公家饭是一种什么体验？

第七章
享受唐朝官员的福利待遇是一种什么体验？

第八章
穿正版唐装是一种什么体验？

第一章 生活在大唐长安是一种什么体验？

宫城，谁都不能瞎溜达

如果可以穿越到唐朝，你会选择去哪儿？答案恐怕只有一个：都城长安。

这座古都承载过荣耀，也饱受屈辱；见证过硝烟弥漫，也历经朝代更迭。帝王、名臣、猛将相继登场，上演过无数的流血杀戮，权谋暗斗，后宫政变。诗人、画家、书法家游走在长安的各个角落，留下了精彩绝伦的文化历史。

周文王时期，周的国都叫丰京，在今天的西安市长安区的西北。周武王时期，又营建了镐京，都城统称为“丰镐”。西安市简称镐，就是来源于此。

汉高祖七年（前200年），刘邦派遣重臣萧何重新选址，营建未央宫（今陕西省西安市未央区），同时将西汉的都城迁移到未央宫所在地。由于未央宫位于长安乡，刘邦取“长治久安”之意，最终将新的都城命名为长安城。

西汉的长安城，并不是唐朝的长安城。因为，隋唐以前的长安以木制建筑为主，砖瓦和石头为辅，只要遭遇战争或大火，就不能幸免。不巧的是，西汉之后的战争非常频繁，西汉长安城也就成了一座废墟。

隋文帝杨坚在龙首原的西南新建了一座大兴城，隋朝灭亡后，李渊便将大兴城过户到自己头上，将名字重新改为长安城。

据考古学家证实，唐朝长安城东西宽 9.7 千米，南北长 8.6 千米，绕城一圈，需要走 36.6 千米，总面积达 84 平方千米。如果算上北边的大明宫、西内苑等建筑群，总面积达 87 平方千米。

唐朝的长安城，用规模庞大、建筑宏伟等词汇已经不足以形容，为了给大家加深印象，请记住一句话：长安城是中国历史上规模最大的城市，也是同时期全球最大的城市——没有之一。

唐朝的长安城由三个部分组成：宫城、皇城、外郭城。

宫城位于长安城正北部，是李唐皇室的居住地，也是绝对禁地，未经允许，很难进入。唐朝宫城的地位，堪比北京的紫禁城。不过，唐朝宫城东西宽 2820 米，南北长 1492 米，而故宫东西宽 753 米，南北长 961 米，规模不可同日而语。

唐朝最初的宫城，包括太极宫、东宫和掖庭宫，唐高宗李治建成了大明宫，唐玄宗李隆基扩建了兴庆宫，最终形成唐朝宫城三大宫殿群。

太极宫的原名叫大兴宫，是隋朝时期的叫法。唐朝初年，大家一般叫大内，也有太极殿的叫法。至于太极宫的名字，还是 710 年唐睿宗李旦取的。

也就是说，如果您穿越回贞观年间问长安百姓，太极宫在哪个方位，怎么走，对不起，人家压根儿没听说过这个地方，没法给你指路。

宫城是皇帝的住宅，配置肯定是超一流的。

就拿宫城城墙来说，墙基宽度达 18 米，整个城墙的高度有 10 米。如果您想翻墙而过，那必须具备高超的武林轻功，如果您想穿墙而过，只能准备一把铁锹，自己一点点地挖。不过，城墙边上有大批的禁卫军往来巡逻，如果您真打算挖墙脚，那可就得给自己准备准备后事了。

太极宫采用“前朝后寝”的布局，分为外朝、中朝和内朝。

外朝的核心建筑叫承天门（唐中宗李显改的名字，以前叫顺天门），承天门修建在宫城的南墙上。如果您以为承天门只是一扇木门，上面有几百颗铆钉，那就大错特错了。承天门是宫城的门面工程，巍峨壮观，霸气外漏！

根据考古发现，承天门修建在 18 米宽的城墙上，门上有高大巍峨的楼观，门的进深大约 19 米。整个大门分为东、中、西三个门道，中间的门道宽 8.5 米，西侧门道宽 6.2 米，东侧门道宽 6.4 米，地基是石条和石板。

承天门南面，是一条宽三百步（442.5 米）的横街，也就是宫廷广场。如果您想有个直观的感受，可以想象一下北京的天安门广场，宫廷广场的建筑形态和布局与之非常相似。

广场的正南方是大气磅礴的朱雀门，朱雀门的南边是朱雀大街，宽 150 米，长 5020 米，一直延伸到长安城的南城墙。

承天门不仅是一扇大门，还是一个以门楼为主的建筑群。

比如，李渊想和萧瑀、裴寂等重臣开会，那就得来承天门。大型正式的朝臣议政会议，也在承天门举行，显得隆重庄严。

比如，李世民生日之际，吐蕃、东突厥等数十个周边小政权前来祝贺。生日当天，使臣齐刷刷地站在承天门楼下，毕恭毕敬地恭祝李世民千秋万岁，帝业永祚。旁边还站着一帮朝臣和看热闹的百姓。

再如，中秋节到了，李渊会在承天门设宴款待群臣，大家喝着葡萄酒，欣赏异域美女的舞蹈，吹嘘他们创业的旧事。完事之后，他们通常会来到门楼上，和长安百姓搞搞互动，然后抛撒一些钱财，作为皇帝对百姓的祝福。

其他重要的大典，比如新皇帝登基大典、册封太子大典、外交大典等都会在承天门举行。因为这些活动需要昭告天下，或者普天同庆，而承天门是离长安百姓最近的地方，所以都在承天门举行。

正所谓，长安知，则天下知。

从承天门往北溜达，会穿越一座巨大的广场，这座广场也属于外朝的地盘，走到广场尽头，就能看到一排城墙，正中间有一扇门，名叫太极门。

穿越太极门，就到了中朝。中朝的核心建筑叫太极殿。

太极殿是太极宫的第一大殿，每逢初一、十五，李渊都会来到此处和朝臣商议军国大事。由于太极殿靠近内朝，皇帝有时候也会来这里办公。

因此，太极殿的东侧设有门下省，以及门下省下属的弘文馆、史馆，西侧设有中书省，以及中书省下属的舍人院。一般而言，皇帝的御用笔杆子、高级幕僚会轮流在这里办公，随时等待皇帝的召唤。

有时候，新皇帝登基，册封皇后、太子、王爷、公主的大典也会在太极殿举行，以示隆重。唐高宗李治之后，大明宫成为权力中心，太极殿虽然雄踞宫城第一大殿的宝座，但也只是作为新皇帝登基的场所，逐渐被边缘化。

穿过太极殿，您可以看到一堵高高的城墙。

您可能会问，皇帝有必要修这么多城墙吗？

告诉您，很有必要。外朝、中朝和内朝承担不同的功能定位，来往的人也很复杂，如果不用城墙隔开，他们可以随处溜达，这成何体统？再者说，如果是开放式的宫殿群，前朝大臣踮踮脚就可以看到后宫，这怎么可以？因此，必须隔开。

以上都是城墙的附属作用，在中国古代建筑史中，城墙的第一作用就是军事防御。宫城的城墙修得高大而厚实，就是防备叛逆之臣的入侵。

城墙的中间开着一道门，上面写着：朱明门。

朱明门是前朝和后廷的分界线。穿过朱明门，您可以看到两仪殿，此殿是太极宫的第二大殿。

从这里开始，所有的地盘都是皇帝的私人活动区，如果没有皇帝的邀请，随意进出是要承担严重后果的。

如果您想经常进入内朝，做皇帝的座上宾，那您就得是以下这几类人：

皇帝的子侄、亲戚。李唐亲王、李唐宗室，那就是皇帝的家人，获得批准后就可以进入，没有任何问题。

皇帝的嫡系大臣。唐高祖李渊那个年代，重臣裴寂就是李渊的兄弟，每逢下朝，裴寂不用回家，直接跟着李渊回到内朝。有时候谈论国事，有时候搞搞娱乐活动，如果李渊同意，还可以让裴寂住在他的寝殿。

有时候，皇帝兴致高昂，可能邀请五品以上的重臣到两仪殿聚会，李世民就经常干这样的事。不过，这种情况很少，您就别指望了。

两仪殿的后面是一条横街，它的名字叫永巷。

永巷北边，一直到宫城的北城墙，全部是后宫嫔妃的居住区。永巷附近有大批的禁卫军巡逻，就算是皇子、亲王也不能随便靠近。毕竟，后宫不受宠的嫔妃太多，万一这些皇子、亲王与妃嫔发生点苟且之事，皇帝得戴多少顶绿帽子啊。

走进内朝，第一感觉就是建筑密度很高，很拥挤。在这里，您可以看到内朝第一大殿：甘露殿。除此之外，还有神龙殿、安仁殿、大吉殿、百福殿、承庆殿等。

客观地说，咱也不能怪设计师，这里毕竟是皇帝和嫔妃居住的地方，土地面积不变，人却越来越多，只能压缩公共活动空间，多建宫殿——总不能让新晋的妃嫔没地方住吧。更何况，除了嫔妃居住的宫殿，皇帝还要修建一批私密建筑，比如凌烟阁、功臣阁。

逛完后宫，继续往北走，就可以看到玄武门。

著名的“玄武门政变”中，李世民就是通过控制玄武门，诛杀李建成和李元吉，最终夺取了政权。对唐朝而言，玄武门就是一个血腥不祥之地，张柬之除掉张易之兄弟的“神龙政变”，太子李重俊剪除武三思的政变，李隆基剪除韦皇后的“唐隆政变”，都发生在玄武门。

原因很简单，玄武门是皇帝家的后门，想找到皇帝本尊，玄武门是最便捷的通道。如果从南边的宫门进攻，需要穿越众多的宫殿群，成功率会大大降低。

玄武门虽然是军事驻地，庄严肃穆，阴气森森，可皇帝有时候也会在此地举办宴会和娱乐活动。尤其是唐中宗李显，曾经在玄武门开设宫廷版跳蚤市场，供宫女和大臣们交易商品，感受市井生活。

太极宫还有两个附属的宫殿群：东宫、掖庭宫。

东宫，懂历史的人都知道，是太子殿下居住的地方。

不过，凡事都有例外。

武德九年（626 年），李世民发动玄武门政变，逼迫父亲李渊退位，自己做了皇帝。按照规矩，李渊做了太上皇，应该移居别处，将太极宫的居住权交出来。然而，李渊对李世民充满了怨恨和厌恶，他霸占着太极宫，宣示着李世民嗣位的非法性，以至于李世民和他的大臣在东宫居住了三年之久。随着李世民权威的不断提升以及父子关系的缓和，李渊后来才搬出太极宫。

东宫位于太极宫的东翼，在东宫和太极宫之间，有一扇通训门。此门是太子殿下进入太极宫的 VIP 通道，非常方便。不过，此门大多数时间是封闭的。就算贵为太子，也要从东宫的北门出去，沿着北城墙向西走，从玄武门进入太极宫。

话说回来，如果通训门是日常开放的，玄武门政变前，太子李建成和齐王李元吉从通训门直接进入太极宫，也就没后面的历史了。

掖庭宫，在古文里，“掖”的意思是扶持，“庭”是后庭，掖庭就是宦官、宫女，以及大批下层劳动者居住的地方，相当于员工宿舍。

除了日常值班的宫女、宦官在太极宫内，其他数万名宫女、宦官都住在掖庭宫。

同时，这里还活跃着一批身份特殊的人：犯罪贵族和官员的女性家属。

这些女眷在掖庭宫只有三条路可以走。

第一条，遇到难缠的宦官，憋屈地度过余生。

第二条，命数不错，可以从事洗衣、纺织、扫地的工作。也许某一天，皇帝大赦天下，她们就可以出宫了，余生过着普通百姓的日子。

第三条，姿色、才华出众，被权贵看上。

汉代的掖庭曾经有监狱的功能，还有许多刑具，可唐朝的皇帝普遍仁慈，没有把罪犯的家眷视为罪犯，也没有派人惩罚她们，掖庭宫只是他们面壁思过、重新生活的一个场所。

不仅如此，主管掖庭宫的掖庭局，还设有两名宫教博士，负责教授太监和宫女的书法、算数以及女红、园艺等职业技能。唐朝初年，中书省还在掖庭局开设了内文学馆，并派遣饱学之士教授文化知识，绝对的有教无类、人性化教学。

上官婉儿的存在，恰好证明唐代的掖庭宫是个很讲规矩的地方。

唐高宗李治年间，宰相上官仪因为反对武则天做皇后，受到了李治和武则天的联手打压，最终被赐死。上官家族覆灭后，上官仪的儿媳妇郑氏，孙女上官婉儿等家眷被关到掖庭宫为奴。虽然日子过得很苦，可郑氏却坚持培养女儿书法、诗文等才艺，时间久了，上官婉儿居然成为掖庭宫的小明星。

事情传到武则天耳中，武则天感念往事，宣她入宫，当面出题考试。上官婉儿沉着应对，深得武则天的欣赏，最终被封为女官，开启了崭新的人生。

在掖庭宫西南部，有个叫内侍省的神秘机构，它是掖庭局的上级单位，也是皇宫权力最大的主管机构。宦官和宫女、宫廷的礼仪法度、朝廷命妇的籍册等都归内侍省管理。有时候，内侍省还要传递皇帝的口谕和圣旨。

唐朝初年，内侍的级别是从四品。开元年间，由于高力士、袁思艺等宦官表现突出，李隆基新设了两名内侍监，级别为从三品。如果做到内侍监的高位，说明在宦官领域，人生已经达到巅峰。

皇城不是皇帝的房子

假如您打算在宫内混出点名堂来，内侍监位高权重固然好，但是从业人员得先净身，代价有点惨重。如果您功成名就之后还想迎娶“白富美”，那我劝您做兵部侍郎。

您可能会问，兵部的办公地点在哪儿?

告诉您，在皇城。

皇城在宫城的正南方，站在承天门楼，皇城可以尽收眼底。古代的风水讲究坐北朝南，皇帝在这里看皇城，永远都是俯视者的姿态，彰显了皇权的威严。

皇城南北宽 1843 米，东西长 2820 米。皇城没有北城墙，与宫城城墙相隔着一条横街。皇城和宫城的东、西城墙是共用的。也就是说，宫城和皇城虽然是两个建筑群，却是封闭一体的，老百姓不可能走进去。

根据考古发现，陕西省西安市现存的城墙是明朝才修建的，其格局与唐朝的长安城还是有区别的。不过，西安的南墙和西墙，地基几乎与长安宫城的南墙和西墙重合。

皇城的正南门叫朱雀门，朱雀门和承天门之间，有一条南北向的大街，叫承天门街。街的两边，就是大唐王朝的政府驻地，因为在宫城南边，也称“南衙”。

皇城内的衙门，主要有省、台、寺、监、卫等机构。台指御史台；寺包括太府寺、大理寺、司农寺、太常寺、鸿胪寺、光禄寺等；监包括国子监、军器监、将作监等。

全国最高行政机构——尚书省也设在此处。吏部、兵部、礼部、工部、刑部、户部也都在此。

有个现象很有趣，中书省、门下省和尚书省是唐朝最重要的政务机构，但是中书省和门下省是在宫城内，而尚书省却在皇城。事实上，这是有原因的。

按照职能来说，中书省负责重大事务的决策，门下省负责审核，皇帝如果有事情，肯定先找他们。而尚书省是执行机构，对办公地点没太大要求。这就相当于一个公司的总裁办主任肯定要在总裁办公室的旁边一样。

还有一点，中书省的中书舍人、门下省的谏议大夫以及补阙、拾遗等官员是皇帝的侍从人员，需要常伴君侧，办公地点肯定要靠近皇帝。

将政府机构集中起来，是中国历代王朝的常规操作。

靠近皇帝，除了方便工作，还有其他的原因。比如，古代的官、民、商是有严格等级划分的，尤其是中央机构的建筑群，是不会和民居混杂在一起的。再如，为了护卫朝廷大臣的安全，卫府只需要派兵守住皇城就行。如果官府分散在长安各个角落，警卫工作的难度也会大大增加。

如果您在皇城溜达，还会看到中央十六卫的府衙。比如左卫、左骁卫、右武卫等，因为他们的机构在南衙，也叫南衙十六卫。唐朝初年，全国有六十万的府兵，全部归中央十六卫统领，权势非常大。不过，也只有在战时，十六卫府衙才会显得繁忙。平日里进去，只有日常坐班人员，非常冷清。

大明宫的前世只是个养老院

多年以前，热播过一部历史剧，叫《大明宫词》。

长安细雨，沐浴着太平；大明宫景，多少宿命。回首遥望苍穹下，众世沉浮，无常无情；终我一生，难寻太平。

辉煌壮丽、气势恢宏的大明宫殿，跌宕起伏、婉转曲折的宫廷恩怨，让这部历史剧大放异彩，堪称年度最佳。

很多人可能不知道，大明宫坐落在长安城的东北部，与太极宫是两个独立的宫殿群。根据考古探测，大明宫面积约 3.2 平方千米，是凡尔赛宫的 3 倍，紫禁城的 4.5 倍，克里姆林宫的 12 倍，卢浮宫的 13 倍，白金汉宫的 15 倍。

在唐朝，大明宫也称东内。

根据野史记载，大明宫修建的时候，在工地挖出过一面古铜宝镜。魏徵认为，此镜是秦始皇的国宝，名叫“秦镜”。传说，这面镜子能照见人的五脏六腑，通过镜子能看到人臣对君主是否忠心，国运是否长久。

大明宫竣工之后，“秦镜”就被挂到了朝堂，专门用来震慑妖邪，后来也就有了“明镜高悬”的说法。有“秦镜”镇守，自然是正大光明，宫殿因此得名大明宫。

这个故事神奇色彩较多，是真是假，千年之后，我们很难辨别。不过，唐朝皇室修建大明宫的渊源，那还是有史料记载的。

“玄武门之变”后，李渊在太极宫居住了三年，后来搬到大安宫。由于大安宫地处树林茂密地带，每逢夏天，要么阴雨绵绵，非常潮湿，要么被暴晒，酷暑难耐。李渊表示，居住的舒适度差到了极点。

唐朝以孝治国，按理说，老爹在大安宫住着遭罪，李世民应该给他整修大安宫的。然而，在李世民和李建成斗争的过程中，李渊一直偏袒李建成，“玄武门之变”后，李渊又霸占太极宫，这让李世民感到非常郁闷。再加上开国初年，唐朝穷得叮当响，李世民便以财政困难，需要与民休息为由，一直没有整修大安宫。

634 年，李渊的身体状况开始恶化，监察御史马周才斗胆进言，劝李世民给李渊重新修建一座养老的宫殿，以免后人指责李世民不孝。马周的想法得到了许多大臣的附和。彼时，李渊和李世民的关系也有所缓和，李世民便做出批示，修建新宫殿。

新宫殿取名永安宫，也就是大明宫的前身。首席设计师叫阎立本，是唐朝大名鼎鼎的画家、工程师，大明宫的整体设计、宫殿群的布局，全部由阎立本裁定。

有李世民的批示，工程立马开建。悲剧的是，635 年 5 月，李渊突然驾崩。鉴于工程耗费较大，李世民叫停了永安宫，让它变成一个烂尾工程。

继任帝位的李治患有严重的风湿病，太极宫的潮湿酷热让他痛苦万分。662 年，随着李治一声令下，朝廷举全国之力，一次性完成了大明宫的建设。此后，李治便搬了家，而大明宫也成为唐朝新的权力中心。

若要讲宫殿的装修水准，如果大明宫是五星级，太极宫只能算三星级。唐高宗李治之后，除了特别念旧的皇帝，大部分李唐皇帝都喜欢住在大明宫，比如唐中宗、唐睿宗，他们偶尔会到太极宫举办活动，或小住几日。因此，如果您穿越到贞观以后的长安，想见到皇帝，别去太极宫了，直接去大明宫报到吧。

太极宫正门叫承天门，大明宫正门叫丹凤门。

太极宫的外朝正殿叫太极殿，大明宫的外朝正殿叫含元殿。

太极宫的中朝正殿叫两仪殿，大明宫的中朝正殿叫宣政殿。

太极宫的内朝正殿叫甘露殿，大明宫的内朝正殿叫紫宸殿。

走进大明宫，您会发现这里的格局就是太极宫的翻版。没办法，太极宫建筑的布局是建造宫殿的标准，李治能做的，就是在这个基础上疯狂砸钱，把装修标准无限提高。

大明宫是新的权力中心，也是大唐王朝焕发生机的标志。

大明宫的拔地而起，将大唐王朝分割成了两个时代。前面是艰苦奋斗的贫寒时代，后面是繁荣昌盛的享乐时代。

在唐朝，王维、李白、杜甫、韩愈、刘禹锡、白居易、杜牧、李商隐、韦庄等许多大诗人，都亲临过大明宫。

围绕着诗人，也发生过许多有趣的事儿，比如下面这件。

贾至，中书舍人，负责起草诏书。有一天凌晨，贾至和同僚结伴上朝，透过朦胧的夜色，看到大明宫烛火通明，宫殿旁边杨柳低垂，早起的鸟儿绕着宫殿飞来飞去，于是有感而发，写了一首《早朝大明宫呈两省僚友》：

银烛朝天紫陌长，禁城春色晓苍苍。
千条弱柳垂青琐，百啭流莺绕建章。
剑佩声随玉墀步，衣冠身惹御炉香。
共沐恩波凤池上，朝朝染翰侍君王。

这是一首应景的诗作，性质很像是早晨上班，发了一个表达美好心情的朋友圈，对所有同事可见（两省僚友就是中书省和门下省的同僚）。然后，期待着同事给自己点赞或者留言回复。当然了，有心情写诗回复的，都是肚子里有墨水而且思想蠢蠢欲动的那类人，比如王维、杜甫、岑参。

先看看王维写的：

和贾至舍人早朝大明宫之作

绛帻鸡人报晓筹，尚衣方进翠云裘。
九天阊阖开宫殿，万国衣冠拜冕旒。

日色才临仙掌动，香烟欲傍衮龙浮。

朝罢须裁五色诏，佩声归到凤池头。

王维可能没想到，他的第二句诗，成为后世夸赞大明宫的经典名句。

岑参也回应了：

奉和中书舍人贾至早朝大明宫

鸡鸣紫陌曙光寒，莺啭皇州春色阑。

金阙晓钟开万户，玉阶仙仗拥千官。

花迎剑佩星初落，柳拂旌旗露未干。

独有凤凰池上客，阳春一曲和皆难。

再看杜甫的：

奉和贾至舍人早朝大明宫

五夜漏声催晓箭，九重春色醉仙桃。

旌旗日暖龙蛇动，宫殿风微燕雀高。

朝罢香烟携满袖，诗成珠玉在挥毫。

欲知世掌丝纶美，池上于今有凤毛。

最有趣的点在于，贾至对大明宫的描写，全部是直来直去的白话，不含蓄内敛，没有韵味，气势也不够。而其他三位都是诗词名家，水平高出很大一截，这也让贾至的原作变得黯然失色。

到了晚唐时期，中央皇权衰微，战争频繁，大明宫屡次被军阀破坏。晚唐诗人韦庄就曾用文学作品记录过：

含元殿上狐兔行，花萼楼前荆棘满。

昔时繁盛皆埋没，举目凄凉无故物。

内库烧为锦绣灰，天街踏尽公卿骨。

在大明宫内，还有一道亮丽的风景线：宗教建筑。

在后庭的东南角，有一座佛教的昭德寺。而最多的要数道教建筑，遍布整个宫殿群，比如三清殿、玄元皇帝庙、大角观、望仙台、灵符殿、崇玄馆等。

没办法，道教是唐朝的国教，地位最高，而最崇尚佛教的武则天，常年居住在东都洛阳，因此佛教寺院大多集中在洛阳的宫殿群。

兴庆宫，号称大唐“南内”，位于长安城东门春明门，原址在隆庆坊，是唐玄宗李隆基做藩王时的府邸。712 年，李隆基登基称帝，为避其名讳，将隆庆坊改为兴庆坊。在李隆基看来，自己靠流血政变登基，多少有些运气成分，所以在他眼里，兴庆坊就是有龙气的风水宝地，怎么能让不相干的人霸占呢？

我们来盘点一下，都有谁住在兴庆坊：李隆基的大哥李成器、二哥李成义、四弟李隆范、五弟李隆业。这些兄弟可都是正儿八经的皇族，有充分的谋反理由，怎能让他们住在有龙气的兴庆坊？所以，还是尽早把他们撵出去吧。

由于拆迁对象都是皇族，只能由李隆基亲自出面谈条件。几位兄弟搬出去之后，李隆基又把老百姓的房子拆迁，最后兴庆宫占地东西 1080 米，南北 1250 米。

值得一提的是，兴庆宫的南部是园林区，北部才是宫殿区。南部有个龙池，东西长 915 米，南北宽 214 米，池中种有荷花、菱角，周边还有沉香亭、百花园等景观。720 年，李隆基在西南角修建了花萼相辉楼、勤政务本楼。

李隆基登基后，兴庆宫就成了大唐帝国的权力中心。

可以说，李隆基的一生基本都是在兴庆宫度过的。除了日常政务，李隆基经常举办社会名流、文人雅士的聚会，或者搞文艺演出。因为李隆基的雅兴，唐朝诞生了一批华丽的诗作，比如李白的《清平调》就诞生在兴庆宫的沉香亭：

云想衣裳花想容，春风拂槛露华浓。
若非群玉山头见，会向瑶台月下逢。
名花倾国两相欢，常得君王带笑看。
解释春风无限恨，沉香亭北倚栏杆。

有时候，李隆基也得去大明宫办公，出行方式就成了大问题。按照距离，李隆基需要经过三个坊。堂堂帝王，每天穿越百姓的坊市，万一遇到刺客怎么办？李隆基思虑再三，最终在长安外郭城的边上修了一条长达八千米的夹道，两边都是高墙，中间是皇上的

VIP 通道。有了这条道，李隆基可以在大明宫、兴庆宫和曲江芙蓉园无障碍穿梭。

安史之乱以后，李隆基成为太上皇，兴庆宫变成了养老院。年老的时候，李隆基经常爬上花萼相辉楼，约上几个老朋友，喝点茶，聊会儿天。

如果您穿越到那个年代，会经常看到这样一番和谐的场景：李隆基站在花萼相辉楼，长安百姓站在城墙外边，大家挥挥手，互相打招呼，好像认识多年的朋友。如果赶得巧，还能碰到李隆基在兴庆宫的门口摆摊子，发放粮食，或发放钱财，这时，请不要害怕，勇敢地走上前去，拿走属于您的那一份。

开元一朝，兴庆宫是大唐的权力中心，开元之后，大明宫则重新成为主角。至于兴庆宫，只能沦为太上皇、皇太后的养老院。

外郭城：独特的坊市分离设计

整个长安，除了宫城和皇城，其他全部是外郭城。如果按面积算，大唐的宫城和皇城只占12%，居民区和商业区占据了88%。

这是个伟大而具有前瞻性的设计。

以往的朝代，都是优先满足皇家的用地，忽略老百姓和商业的需求。拿汉朝的长安城来说，宫殿和府衙的面积占据长安城的三分之二，老百姓只能蜗居在剩余三分之一的空间。

因为建筑空间的挤压，很容易让人产生一种寄生于此而不是以此为家的感觉。

而且，宫殿群固然宏伟壮观，但只是政治象征，是缺乏生命活力的。以统治阶层为基础，衍生的民居、商业市场、宗教区和老百姓的公共场所，再加上宫殿群，才能构成一个完整的城市。从这个角度来说，西汉的长安城虽然也有外国民族前来朝拜，但城市缺乏活力，也缺乏扩展空间，没法和隋唐的长安相比。

长安城内，总共有 11 条南北向的大街，14 条东西向的大街，这些大街将长安隔成 108 个小方块，也就是传说中的坊市（也有说 110 个小方块，因为唐玄宗李隆基将其中 2 个坊收回，改建成了兴庆宫）。大诗人白居易目睹了长安坊市，还写了一句诗“百千家似围棋局，十二街如种菜畦”，形象又准确。

除了皇帝和后宫嫔妃，长安城其他人全部居住在外郭城。比如李唐亲王、李唐宗室、朝廷官员、宦官（官员序列）、权贵（公侯伯子男，公主驸马）、外国友人、三教九流、普通百姓。

如果您是平民，那必须对长安城和它的规矩了如指掌，否则，多少个脑袋都不够你掉的。

先记住几个必考知识点：坊市、朱雀大街、宵禁、东市、西市。

在古代，“坊”是居民住宅区，很像现代城市的封闭小区。“市”是商业交易区，很像现代城市里的商圈。

一个坊的占地面积有多大?

《长安志》记载：务本坊，南北三百五十步（约 516 米），东西四百五十步（约 664 米），总面积约 34 万平方米。胜业坊，南北五百五十步（约 811 米），东西六百五十步（约 959 米），总面积约 78 万平方米。①

在长安城内，务本坊算是面积较小的坊，胜业坊算是面积较大

---

① 根据科学出版社《中国科学技术史 · 度量衡卷》，唐时一尺是 29.5cm，一步为五尺，即一步 =147.5cm。

的坊，其余各坊的面积，基本介于两者之间。

北京紫禁城的面积只有约 72 万平方米，把紫禁城放到长安城，连一个居民住宅区都占不满。

说到长安 108 坊，如果搞个排行榜，榜首必定是平康坊。有的读者知道，平康坊是唐朝的妓院总部。

古代的妓院，主流模式有以下几种。

一种是直截了当的钱色交易，另一种是娱乐消费，包个房间，喝点花酒，搞点最低消费，来点娱乐项目，花前月下。

而平康坊不是这两种模式。准确地说，平康坊是“诸妓”工作的地方。所谓的“妓”，大多数是有专业技能的女子，比如唱歌、跳舞、谱曲、乐器、书法、作画、吟诗，至少要占一样，而且颜值一定不能差。因为她们有才华、颜值高、收费高，服侍对象基本是王公贵族、朝廷官员、秀才举人，再不济也是读书人。

平康坊正因为它高端的定位，经常吸引社会名流的光临，而且被世人视为一种雅趣。

796 年，诗人孟郊考中进士，心情得意，于是作了一首《登科后》的诗：

昔日龌龊不足夸，今朝放荡思无涯。
春风得意马蹄疾，一日看尽长安花。

意思是我金榜题名了，从此人生走向巅峰，想在一天之内看尽长安花。

您可能会问，孟郊想看牡丹花，还是桃花？

这样发问，只能证明一件事：您是个不懂孟郊的俗人。

孟郊对鲜花没兴趣，他想看的是平康坊的小姐姐。在那个年代，如果您是个读书人，却没有出入过平康坊，只能说明您没有魅力，不够雅趣。

在历史上，平康坊有“风流薮泽”的雅称，意思是风流韵事荟萃的地方。

这里面有个渊源：因为混迹平康坊的人，大多是朝廷权贵，他们喝酒聊天，总喜欢搞点新鲜谈资，比如人事任命、皇帝喜好、宰相八卦、后宫斗争、国家政策等，正经事儿和八卦新闻都有。久而久之，平康坊就成了长安官场消息的集散地，这可乐坏了消息闭塞的地方官员。

大家都知道，封疆大吏（刺史、藩镇节度使等）远离朝廷，为了获得政坛消息，他们在长安设有“进奏院”，也就是驻京办事处。这些机构全部在平康坊及其四周，平康坊内就有 15 个，北边的崇仁坊 25 个，永兴坊 4 个，胜业坊 3 个，南边的宣阳坊内有 6 个，西边的务本坊 2 个，崇义坊 5 个。

有人可能会问，如果我是超级富豪，有没有富豪集中的小区？

那是必须有的，以朱雀大街、朱雀门横街为界，长安城分为四个方块，基本遵循着“东贵西富、南虚北实”的格局。

东北方块，王公贵族、朝廷重臣、内廷宦官的府邸居多。

原因一，这里靠近皇城、宫城，方便官员觐见皇帝，上班下班。

原因二，由东向西，长安城的地势逐渐降低，贵人们都喜欢住在地势高的地方。比如，宰相宋璟的府邸在安兴坊，姚崇的府邸在兴宁坊。内侍省的官宦则居住在永昌坊、来庭坊、光宅坊、翊善坊。

东南方块，以普通官僚、老百姓的府邸居多。

西北方块，以富豪、手工业者的府邸居多。唐朝中后期，东北地块没有多余的土地，不少官员都选择在西北方块建造府邸。比如开元名相张说、军阀安禄山、军阀李晟、宰相裴度的别墅都在西北地块。

西南方块，以普通老百姓的府邸居多。

长安还有许多周边小政权的人质、留学生、传教者、商人、乐师、舞者、游客，鉴于相似的文化习惯，他们基本居住在金光门（长安西门）和西市附近的义宁坊、居德坊、布政坊、崇化坊。

一般而言，每个坊都会开设四个坊门，东南西北各一个。不过皇城南边的三十六个坊只有东门和西门。原因很有趣，因为长安城修建于隋朝，当时的风水大师说了，长安的龙脉在北边，如果开设南门和北门，会放跑龙气。

每个坊的四周全部是土墙，其建筑过程是这样的：先用夯头（木夯或石夯）打好地基，再填充一层具有黏性的黄土，用夯头敲打结实，一层层地填充夯打，就成了古代的夯土城墙。长安坊市的土墙宽 2.5 米至 3 米，只要您花点时间，挖出个门洞来还是有可能的。

但是，每晚都有值班人员巡街，如果您不小心被抓住，就会被控告破坏城市基础设施，按照大唐法律，七十下杖刑是少不了的。

按照规矩，百姓出入里坊，必须走坊门。

可能您被现代城市的快节奏压抑太久了，想回归大自然释放一下，难得穿越回去，更想解放一下天性——有门不走，就想爬墙进入，那会怎么样呢？

假如您成功翻越坊墙，安保人员会找您谈话，然后给您开一张罚单：杖刑七十。

不过，如果您刚爬上坊墙就被捉住，还可以狡辩一下自己是"翻墙未遂"。按当时法律规定，翻墙未过者，减刑一等。唐朝的里坊虽然进门不需要刷卡刷脸，但安保措施一点不比现代差。

进到坊内，您可以看到十字形的街道纵横排布，每条街道宽 15 米，非常气派。十字街将里坊隔成四个小区，每个小区又有十字巷（曲），每条巷都有自己的名字，有以方向命名的，比如南曲、北曲；有以街树命名的，比如柳巷、杏巷；有以高门大户命名的，比如薛曲、刘巷。巷宽 2 米左右，它们将整个坊隔成 16 个小块，其中大部分是民宅，可能还有一些寺院、道观、佛塔等建筑。

您可能很纳闷，坊市是老百姓的小区，土地是居住性质，寺院和道观这些建筑，难道不是违章的吗？

还真不是，因为整个长安城已经被切割成坊和市，没有预留城市配套建设用地，所有文化工程只能修建在居民住宅区内。如果您想去风景旅游区，只能花费两小时的时间，跑到城市东南方位，那里有曲江池、乐游原等景区。因此，如果您的小区有这些旅游类的建筑，您就坐等房子升值，偷着乐吧。

您可能会问，小区有物业吗，规矩多吗？

还真有。每个坊都有一位坊正，在您的小区，他就是老大。

别的不说，如果您是外来人口，想住进太平坊，必须先在坊正那里登记，籍贯、姓名、年龄、职业、身高、长相等，一项信息也不能少。小区内如果发生治安事件，坊正就得履行派出所所长的职责；小区内如果发生了民事矛盾事件，坊正就得履行居委会主任的职责；如果长安的官府找您收税，坊正就得履行税务局局长的职责。

一句话，只要在坊门内，有事找坊正。

您可能不服气，因为您是朝廷的兵部侍郎，向来都是发号施令的人，凭什么要听坊正的指挥？没事，先看看以下场景吧。

您：坊正，我有点事想请你帮忙。

坊正：您请说。

您：我的住宅就在街边，不想走坊门，你能否给我单独开个临街的门。

坊正：敢问，您是几品官员？

您：官居正四品。

坊正：按照规矩，三品以上的重臣才有资格单独开门。

您：能否通融一下？

坊正：不好意思，没可能。

坊正看您的态度还算诚恳，可能会礼貌性地多问您一句：您是坊内三绝（门第、才德、文学）吗？是否有官府的认定书？

您：这些我都没有。

坊正：那没办法，您还是老老实实走坊门吧。

如果碰到这样的坊正，您就算有再大的官威、再爆的脾气都得忍着。千万别拿官威压人，因为这些都是皇帝定的规矩。尤其是唐朝中后期，就算朝廷宰相想开一扇临街的门，那也是没有特权可用的。如果您看到临街而开的高门大户，那一定是超级权贵，最好还是绕着走吧。

为了管理小区，每个坊都会安排门吏，坊门之内，门吏有自己的值班室。关于这一点，您可以参考如今小区的物业值班室，完全一样。

不仅如此，坊门两边还有一块布告栏，专门张贴政府的告示，或者居民的私事。张家重金寻猫，李家寻人启事，刘家有个房子要出租，都可以打小广告。白居易的《失婢》一诗中，就有“宅院小墙庳，坊门帖榜迟”的记载。

身为坊正，还有一项神圣的职责：开门和关门。

夏天的五更两点（凌晨三点四十八分左右），冬天的五更三点（凌晨四点十二分左右），宫城承天门的值班人员会敲响每天的第一声晨鼓。

晨鼓的响起，意味着新的一天已经来临。第一声鼓响后，长安各处的晨鼓会相继响起，声浪一直延续到长安城的尽头。

只要鼓声响起，宫城的城门、皇城的城门、各坊的坊门就会相继打开。与此同时，长安的佛教寺院也会响起晨钟（佛教是暮鼓晨钟）。

身为资深的赖床分子，凌晨四点被人吵醒，您肯定会生气。您可能想问，古人难道都不睡懒觉的吗？答案还真是，他们真的不睡懒觉。

原因可能有几个。

其一，古人晚上不唱 K，不泡吧，不约饭，夜生活几乎为零，因此八点上床睡觉是很正常的事，睡到凌晨四五点，大家很容易起床。

其二，古人重视时间，“一日之计在于晨”几乎是他们的人生格言。将大好青春耗费在床榻上，简直是对人生的一种浪费和亵渎。

其三，古人笃信中医养生，什么时候睡觉，什么时候起床，都有讲究。

比如《黄帝内经》记载，阳气尽，阴气盛，则目瞑，阴气尽而阳气盛，则寐矣。人活着就是靠一口阳气，晚上不早点睡觉，这不折寿吗？

不仅如此，古人把一天二十四小时划分为夜半、鸡鸣、平旦、日出、食时、隅（yú）中、日中、日昳（yì）、晡（bū）时、日入、黄昏、人定。所谓人定，就是晚上九点到十一点，到了这个时间，人必须安静下来，慢慢入睡。

所以，早起这件事没得商量。要不等鼓声结束了，再睡个回笼觉？

想法是好的，就是太天真。从第一阵鼓声响起，一直到大街上能看到远处的东西，承天门的鼓声会很有节奏感地响起，保证您无法入睡。

凌晨四点，已经有人守候在坊门，等待晨鼓的响起。他们可能是商人，需要出门进货，也有可能是官员，需要到皇城上班。凌晨五点，家家户户都打开了户门，有人开始做饭，有人清扫庭院，有人在街头巷尾闲聊，有人摆起早点铺。

当您看到邻居都在奔波忙碌的时候，赖床会让您产生严重的负罪感。

东西市：全国最大的 CBD

别赖床了，赶紧起床吧，先带您逛逛长安城最有名的“朱雀大街”。

朱雀门是皇城的正南门，从朱雀门开始，一直到长安城的正南门明德门，有一条南北走向的宽阔大街，它的名字叫朱雀大街，也叫天街。

朱雀大街宽度 150 米，长度 5020 米，堪称长安城的主动脉、中轴线。

每天早晨，承天门的晨鼓响起，明德门厚重的城门徐徐打开，波斯、大食、突厥、回鹘等国的商人拖着琳琅满目的商品进城。站在朱雀大街，向北望去，一眼看不到尽头，胡商的脑子里只有一句话：太长了，只能畏惧和敬仰。而朱雀大街的宽度，更让他们感受到了大唐帝国的开放、包容。

朱雀大街是隋朝修建的，隋文帝有钱，出手阔绰。最重要的是，隋朝刚刚统一全国，需要建立中央帝国的权威。想让小弟们敬服，除了强权镇压，形象工程（宫殿群、街道等）的工作也要做足，修建这样一条朱雀大街是很有必要的。

平日里，朱雀大街是对百姓开放的。不过，如果皇帝要到南城祭天，外出巡视，或者有重要的外国使团朝拜，官府会黄土垫道，泼水净街，暂时封闭大街。

黄土？泼水？您很好奇，这又是什么操作？

电视剧里的朱雀大街的道路是用石板铺成的，非常干净，就算下雨，您的鞋子也不会脏。然而，现实是这样的：石板是紧俏的战略物资，连皇帝家也没多少存货。如果穿越到唐朝，您会发现朱雀大街的路面全部是黄土。

如果下雨，朱雀大街就会黄土松动，泥水横流。为此，设计者在道路两旁修建了宽阔的排水沟，并种植了绿化植物（柳树、榆树等）。如果皇帝需要使用朱雀大街，有关部门肯定要用黄土填补坑洼，再洒上一遍水，保持路面的整洁。

有一天，您家里想修建房子，看到朱雀大街有很多黄土，于是您偷偷挖了几石回家。对不起，您犯了破坏城市基础设施罪，接七十杖刑吧。

如果您没挖土，却端着一盆洗菜的废水倒在沟里，或者在沟里小便。那也算违法，要受到六十杖刑。

您觉得朱雀大街很宽阔，适合与漂亮姑娘一起策马奔腾，道旁的巡逻人员肯定会拦住您，并向您出示朱雀大街的使用细则，然后赏您五十板子。

因为这些小事儿挨打受罚，您别觉得委屈，也别怪朝廷严苛无情。毕竟，朱雀大街是大唐王朝的脸面工程，踩在王朝脸上嚣张，您不受罚才怪呢。

如果您觉得这个地方太敏感了，那咱们起驾去东市和西市。

它们是长安的 CBD（中央商务区），很容易打听到位置：从朱雀门出发，往东走三个坊的距离，就可以看到东市，往西走三个坊的距离，就可以看到西市。

东市、西市的规模相当于两个坊，根据考古勘测，东市南北长 1000 余米，东西宽 924 米；西市南北长 1031 米，东西宽 927 米。和长安城的规模比起来，两市面积确实很小。毕竟在那个年代，城市的政治、居住功能是主要的，至于商业功能只能算配套。

在两市里面，东西和南北各有两条街，每条街的宽度大约 16 米，将两市隔成九个小区，呈现“井”字形的分布。坊内的店铺，最大的门面宽 10 米，最小的门面宽 4 米，进深 3 米多，大多数都是 20 平方米的店铺。不过，店铺后面还有房间，用来手工生产，或者临时休息，可以理解为“前店后厂”。

和坊一样，东市和西市也是用土墙围起来的，土墙外围是排水沟。

如果您想逛东市和西市，最好中午过去。朝廷规定，每天中午，两市会击鼓三百次，击鼓完毕后，市场才会正式开放。原因很简单，大唐执行宵禁（晚上禁止出门）政策，商人们需要在上午进货。再者说，两市是鱼龙混杂的地方，只开放半天，有利于朝廷的治安管理。傍晚时分，您就要开始往外走了，因为在日落前七刻，两市响起三百锣声，预示着今天的交易正式结束。

既然时间有限，推荐您逛逛西市吧，保证您不虚此行。

虽然两市的面积差不多，入驻的商铺也很相似，但是东市附近是王公贵族、官宦家族的集中居住地，这帮人有消费能力，却很少亲自上街，而且东市附近居住的百姓少，稀少的人流决定了东市不会繁荣。还有一点，波斯、大食等国的商人都住在西市附近，想要看稀奇古怪的东西，只能逛西市。

在唐朝，商业机构有自己的分类，比如行、邸、店、铺、肆。

如果您是个吃货，可以去酒肆要个雅间，点一桌高档的饭菜，要几壶美酒，一边吃，一边看着过往的人群，说不定就可以看到心仪的对象呢。也可以去茶肆坐坐，点几碟桂花糕、酪樱桃，享受一下惬意的午后时光。

如果您家里来了客人，想开个聚会，那就去肉肆、鱼行、瓜果店采购食材吧。

如果您是位女性，推荐您去珠宝行、胭脂铺、绸缎店。在西市，布料店分许多种，比如绢行、丝行、布行、帛行、绣行等。

如果您是个读书人，可以逛逛书肆、乐器店、印刷行。

如果您是个体育爱好者，可以逛逛骡马行、刀枪店、鞍辔店。

如果您想看看热闹，街边就有人在玩杂耍，比如吐火、顶杆、魔术、叠人、走索，还有算卦的、拉琴卖唱的，应有尽有。

如果您是个单身小伙子，可以去胡商的店铺逛逛，看看高鼻子、大眼睛、头发卷曲的外族美女。如果运气不错，双方看对眼，还能搞个跨国联姻。这对长安百姓来说，已经见怪不怪了，一般去胡人商店，主要是买胡马、香料、药材、胡食、珠宝等物品。毕竟，在当时，家里能摆上几件外国的饰物，还是很能说明自己财力的。

在西市，还有一种生意：奴婢交易。

您没听错，就是贩卖人口的生意，不过是合法的。在唐朝，奴婢和牛羊马等牲畜一样，就是一种交易对象。如果您想买几个奴婢，先货比三家，检查奴婢的身体，觉得合适就和老板商量价格。交易谈妥后，找市署令签订契约。

请您记住，您可以私下交易，不过在三天之内，您必须到市署备案。如果过期不备案，您就要接受三十笞刑，卖家也要跟着挨打。如果您立了契约，三日之内发现奴婢有严重的身体疾病，您可以要求将奴婢退给卖家。

诸如此类的交易，在东市、西市比比皆是，咱们就不再赘述了。

如果您是开店营业的商人，还是拜一拜官府的码头吧。

东市的主管机构叫东市署，西市的主管机构叫西市署。老大叫市署令，级别是从六品上，还有两名市署丞，级别是正八品上。商业交易的规则、度量衡器具的监督、买卖契约的签署，都由他们说了算，两市每天的开门关门，也由他们负责。作为商人的您必须和这六位官爷搞好关系。

身为商人，您必须遵守市场规则。比如，布商卖的布，长度不到五十尺（14.75 米），宽度不到一尺八寸（0.53 米），那就是不合格的商品。如果被消费者举报，或者被市署的官员发现，等待您的不是简单的行政罚款，而是杖刑六十。

您以为这样就完了？您卖布肯定是赚钱的吧，唐律规定，通过出售不合格商品获利，那就是“准盗罪”。出售了一尺，杖刑六十，如果您刚好碰到大客户，出售了五匹布，那就请您蹲一年牢房吧。这还没完，接受处罚后，市署会没收您的不合格商品。也就是说，既挨打坐牢，又要产生经济损失。

您可能会想，这里面肯定会有官商勾结、灰色交易的空间。

这种情况，我们不能完全排除。可唐律明确规定，如果市署的官员包庇商人，与商人同罪。如果市署官员没有发现不合格商品，则减二等处罚（比如六十杖刑改为四十杖刑）。这都意味着市署官员的能力不够，或者懒政，都得受到处罚。最主要的是，如果出现问题，市署官员是唯一负责人，地方行政长官不需要为下属背锅。这样的游戏规则可以确保上级领导没有心理压力，全心全意地处理市署令。

所以，在唐朝，商人是不敢随便欺骗消费者的。

您可能会问，偌大的长安城，只有东市和西市两个商业区？

真诚地回答您：它们只是两个中央商务区，毕竟长安的常住人口有数十万，最高峰达 100 万，两个商业市场肯定是不够用的。因此，在百姓居住的坊里，也有许多店铺，尤其是茶肆、酒肆，堪称里坊的标准配置。

宵禁后灵魂还是自由的

前面说过，高峰时期，长安城的常住人口高达 100 万。

我们来看一下其管理机构。最高主管单位是雍州（京兆府），直接主管单位是长安县、万年县，军事巡逻机构是左金吾卫、右金吾卫。

在唐朝，长安是首都行政区，堪比北京市的二环。雍州就是整个北京市，最高行政长官叫雍州牧（相当于北京市市长），办公地点设在长安西部的光德坊。

唐朝初年，雍州牧一般由李唐亲王担任，比如秦王李世民、魏王李泰、陈王李忠、雍王李素节、章怀太子李贤都做过雍州牧，官居从二品。不过，他们只拿俸禄，很少管事，州内事务全部交给雍州长史、雍州司马处理。

公元 713 年，李隆基将雍州改为京兆府，取消雍州牧的编制，由雍州长史担任京兆尹（一把手），京兆尹的级别降格为从三品。下设两名京兆少尹，官居从四品下。如果您看到贞观年间的古装电视剧中，出现了京兆尹的官职，请您理直气壮地吐槽编剧吧。

论官阶，雍州牧是顶级配置，但如果您穿越到唐朝，还是别做这个官为好。毕竟，长安城有一群可怕的物种，比如开国功臣、李唐亲王、郡王、公主，他们都是特权阶层，而且居住在您的地盘。如果他们犯了错，身为雍州牧，您照章执法会得罪他们，如果不执法，御史会弹劾您，百姓会怨恨您。

事实上，雍州不是长安城的唯一主管机构。

以朱雀大街为界，东面的坊市归万年县管理，西面的坊市归长安县管理。长安县、万年县就是全国级别最高的京县，县令级别正五品上，县丞级别从七品上。如果您是京县县令，恭喜您，您是有资格上朝听政，见到皇帝的。

不管是长安令，还是万年令，都是行政长官，只能负责行政事务。您走在长安的大街上，经常可以看到军队在巡逻。尤其到了晚上，巡逻士兵的警觉性会更高。稍微打听一下，百姓可能就会告诉您，他们隶属于左、右金吾卫。

按照分工，左、右金吾卫各自负责长安县、万年县的巡逻警卫工作，日常巡逻的地方包括长安城的主要街道以及皇城和宫城的外围街道。

其中，巡街的首领叫街使，编制一人，判官，编制两人。他们的职责是巡查主要街道，部分武官会微服私访，搞秘密探查。

如果您走到长安的各个城门，或者坊角附近，会看到一个小院子，院门牌匾上写着“武侯铺”三个字，它就是金吾卫的巡逻驻地，堪称地区派出所。

如果是大型城门，会有一百人编制；如果是大型武侯铺，会有三十人编制。如果是小型城门，会有二十人编制；如果是小型武侯铺，会有五人编制。

除了巡街使，还有左右翊府中郎将，编制一人，翊府果毅，编制两人。他们的职责是辅助巡查，执法权力和巡街使是一样的。

金吾卫是朝廷的十六卫之一，直接领导就是皇帝。不管您是王公贵族，还是普通百姓，如果被金吾卫判定您有威胁皇帝的行为，您就自求多福吧。

前面说过，夏天的五更两点，冬天的五更三点，承天门会传来一阵鼓声。

唐朝初年，承天门是没有架鼓的。每天到了开门时间，金吾卫的值班人员会扯着嗓子高喊开门，随后从承天门跑到长安的各个角落，让大家打开城门和坊门。贞观十年，大臣马周嫌弃这种办法太土，于是建议在各条街道设置传递信息的“街鼓”，还给它取了个可爱的名字：冬冬鼓。

凌晨时分，冬冬鼓响起，宫门、城门、坊门相继开启。一般而言，晨鼓会响三千下，一直到“目能辨色”，也就是眼睛能看到远处的物体。傍晚时分，冬冬鼓再次响起，街上的行人听到鼓声，应该立即归家，到了一更时分（晚上 7 点到 9 点），暮鼓差不多响了八百下，长安城的宵禁正式开始。

那个时候，堪称是“六街鼓歇行人绝，九衢茫茫空有月”了。

宵禁开始后，有几类人还是可以赶路的。

第一类：有紧急公事要办，必须出门的官吏。

第二类：家中有严重疾病，需要出行就医的。

第三类：家中亲人刚去世，需要操办丧礼的。

就算您是这三类人，也别忘记找本县县令，或者本坊坊正提前开个临时证明文件，只有经过金吾卫巡街人员勘验之后，您才能在街上行走。

《全唐文》记载，有个叫徐逖的大理寺丞（法院公务员，从六品上），宵禁之后上街溜达，被金吾卫的将军捉到，当场就被打了二十鞭子。更搞笑的是，这位老兄是有官府证明的，可还没掏出文件，金吾卫的巡逻队就“下了毒手”。

您可能会说，坊正是我好哥们儿，到坊门前打个招呼，他就能放我进去。

那您真的想多了。第一，如果坊正擅自开门，他就得挨板子，严重者会去吃牢饭。第二，在坊内，除了坊正，还有几位管理者，如果坊正徇私舞弊，其他人可以告状，然后顺利上位。第三，里坊外面还有武侯铺，那可是金吾卫的地盘，您可能还没跑到坊门前，就已经被金吾卫打个半死了。

《太平广记》记载，天宝年间，布政坊的居民张无是外出溜达，因为误了坊门关闭的时间，无法回家，只好找了个桥洞，在桥下偷偷蹲了一宿。

至于喝醉酒犯夜禁，或者故意外出被打死的事件，历史上比比皆是。真可谓出门需谨慎，天黑要回家，若为醉酒故，打死不负责啊。

如果您非得半夜三更出门，想要刺激的夜生活，最好穿越到唐宪宗之后的年代。唐朝晚期，宵禁制度执行得不严格，只要您不拿着钢刀四处溜达，让巡逻大兵提高警惕，还是挺安全的。当然，遇到非常敬业的巡逻兵，算您倒霉。

别怪朝廷搞宵禁，在那个年代，政变是家常便饭，说不定哪天某位王爷或将军就带兵进城了。更有甚者，会趁火打劫，喜欢在街上制造混乱。对朝廷来说，必须把街道清空，才能杜绝大部分的风险。

不过，宵禁的规矩只适用于长安城的主干道，坊与坊之间的道路。只要进入坊内，您就可以随意出行，不受任何限制。

比如，举办个名流党聚会，和兄弟们通宵达旦地饮酒作乐，和心上人来个浪漫夜场约会，再不济自己来个月下独酌，只要遵守公序良俗，不打扰到别人，您随意。

第二章 在唐朝上学是一种什么体验？

不是每个人都有机会上中央官学

在唐朝，学校大致分为三种：中央官学、州县官学、私塾。

教育行政机构是国子监，相当于教育部。最高领导是国子祭酒，从三品；次要领导是国子司业，从四品下。

在现代电视剧里，我们经常看到这种场景：某某人端着一杯酒，跪在祭祀台前，然后举起酒杯，念诵祷文，随后手腕画一道弧线，潇洒地将酒浇在地上。

这种礼仪叫“浇奠祭祀”，完成祭祀礼仪的官员就叫“祭酒”。在古代，国子监是最高级别的教育主管机构，而儒家最重要的礼仪就是祭祀，扛把子叫国子祭酒，可谓名副其实。

国子监是主管机构，也是办学机构，国子监下设国子学、太学、四门学、律学、书学、算学六所高校，这些都是中央官学，统称为“六学”。

如果您想学习儒家经典，那就上国子学、太学、四门学。

如果您想学习专业知识，那就上律学、书学、算学。

国子学、太学、四门学是大唐官僚的培养基地，未来统治阶层的摇篮。至于律学、书学、算学，就算是中央官学，也只是高级专科学校。

在唐朝，国子学招收300名学生，三品以上的高官子弟才能报名。太学招收500名学生，五品以上的官员子弟才能报名。四门学招收1300名学生。唐太宗时期，为了推行普惠教育，施恩平民子弟，李世民规定，500个四门学名额留给官员子弟，剩余800个名额要留给全国各地的优秀青年。当然了，如果想报考四门学，您得有一技之长，而且要深得州县长官的青睐。

说白了，您得有能力给他们长脸。

开国初期，招生门槛确实挺高，可到了后来，中央官学的编制扩张到8000多人。如果您在太学读书，经常会看到吐蕃、南诏、回鹘等国的留学生。这帮人毕业之后，部分人会留在长安混生活，其他的可能回国传播大唐的文化。

想上学，那是要交学费的，老祖宗们很讲究，他们给学费取了个优雅的名字：束脩之礼。束脩就是腊肉，孔子规定，如果您想求学，请背着十条腊肉去拜师，十条腊肉是全国统一定价，童叟无欺。

而在唐朝，如果您想上国子学、太学、四门学，每人要缴纳2匹绢，其他三所学校则缴纳1匹绢。另外，每人需要送一瓶酒、一条腊肉。

算起来，唐朝的学费比孔子的标准要低很多，这是历史的进步。

您只要交了学费，剩下的只管专心学习。如果有人敢擅自收费，国子祭酒肯定会严惩他。不仅如此，朝廷还提供一日三餐，统一发放校服。这就是特权阶层的待遇。

既然有学费，那肯定就有授课的老师。

首席教师叫博士，相当于教授级别。您没看错，唐朝就有“博士”这个称呼。最初，博士取其字面意思，也就是博学之士。到了后来，博士成为一种官名，也可以理解为职称。

能够在中央官学做博士的，必须是博学大儒。

在唐朝，官学是教育机构，朝廷为了培养优秀的青年，不再看重老师的家庭背景，只要你有学问，哪怕是乡野的老师，朝廷也愿意聘请您。

比如，贞观年间，河南学者王恭在家乡教书，学生数百名，声名远播，李世民就将他招到长安，命他做了太学博士。

二号教师叫助教，相当于副教授级别。您没看错，“助教”也是唐朝的称呼，现在大学的助教，都是沿用老祖宗的称呼，而且现代大学助教和唐朝助教的工作内容也很相似。博士是首席教师，精力有限，而学校的课程太多，助教就要承担起讲授经书、监督学业的重任。

三号教师叫直讲，相当于讲师级别。直讲也可以授课，但多数时间是在辅助国子祭酒、博士、助教，比如整理课程资料、组织考试。博士休假、生病时，就轮到直讲激扬文字了。

既然上了学，耗费了青春年华，肯定要学点知识的。

官方早就给您安排了学习课程表。

必修科目包括《孝经》和《论语》，学习周期为一年；小经科目包括《易经》《尚书》《春秋公羊传》《春秋穀梁传》，《易经》学习周期为两年，后三本学习周期各为一年半；中经科目包括《诗经》《周礼》《仪礼》，各学两年；大经科目包括《礼记》和《春秋左氏传》，各学三年。

在古代，考试内容是随机的。比如一本《礼记》，老师翻到某一页，觉得这一句是个考点，于是就将它作为考题，让你背诵上下几段的内容，然后让你聊聊自己的见解。因此，古代人读书，很多时候是死记硬背。

您算算，几十万字的古文，如果把他们全部背下来，简直就是要命啊。

听起来很恐怖，可是唐朝规定，您可以自己选择段位。

低级段位（高中水平）：通晓两经，大经和小经，或者两本中经。

中级段位（大学水平）：通晓三经，大经、中经、小经各一本。

高级段位（研究生水平）：通晓五经，大经全部通晓，中经、小经学三本。

鬼才段位（全能学霸，遇到就膜拜吧）：全部通晓。

您学习效果怎么样，学校会组织考试来评判。

第一种考试是旬考。在唐朝，学校每十天放假一次，称为“旬假”。放假的前一天，班级会组织旬考，也就是每个月考三次，相当于随堂测验，考官就是您的主讲老师。到了考试那天，老师会让您默写三段文章，并且背诵前代大儒对经书的解释。如果能答对三分之二，您的考试就算合格。

第二种考试是年考，每年一次，相当于年终测验。老师会出十道题，让您口试背诵，并且聊聊您对经文的见解。如果您答对八道题，成绩就是上等；如果答对六道题，成绩就是中等；至于其他的，全部评为下等，意思就是您挂科了。

第三种考试是毕业考。比如，您选择的是中级段位，在学校学了七年时间。时间一到，国子祭酒就会亲自给您举办考试。测验还是老一套，如果您合格了，就可以去参加尚书省举办的选官考试（公务员考试，过关就等着吏部给您安排职事吧）。

当然了，如果您有追求，可以继续深造，比如从太学转学到国子学，学习内容一样，可是您毕业的学校变成全国最高学府，说出去的效果就不一样了。

如果您是个学渣，在毕业考试中挂科，那对不起，请您回炉再造。别以为您是贵族子弟，就可以在学校厮混。如果考试不合格，学校会停止您的膳食待遇，那时候没有外卖服务，没饭吃的时候，您就得让家人给您送饭了。

如果三次年考不合格，旷课超过三十天，请事假超过一百天，学校会正式通知您，他们这座小庙容不下您这尊大神，请您回家吧。

国子监是唐朝的中央教育机构，下设的学校都是国立大学、高等学府，生源有三品高官的孩子，也有六品以下低级官僚的孩子，甚至还有平民子弟。

国子监高端大气上档次，却不够神秘，不够贵族。毕竟，超级权贵的孩子怎么会和老百姓的孩子混在一起呢？而在长安，还有两所超级贵族学校，分别是崇文馆和弘文馆。

崇文馆隶属于太子宫，原来是太子殿下读书的地方。可以说，崇文馆的老师都是全国最牛的，他们精通经学、史学、书法、诗文。闲下来的时候，可以和你谈风花雪月；必要的时候，也可以教你宫廷权斗的智慧。不仅如此，崇文馆还是皇家藏书馆，里面汇聚了历朝历代的书籍，公开发行的、限量发行的、孤本书籍等，应有尽有。

弘文馆则隶属于门下省，同样也是国家级的图书馆。

能够在两馆读书的只有这几类人：皇帝、皇太后、皇后的近亲；宰相、一品散官、封爵者（有实封）、京官职事官（从三品以上）、中书侍郎、门下侍郎等人的儿子。可以说，这帮人就是长安的顶级权贵，他们的社交圈子就是贵族圈。

因为是贵族学校，两馆的入学名额各只有三十个，实行小班教学。如果您赶上权贵小孩都要上学的高峰，需要报名入学，恐怕得找皇帝说点儿好话。

如果您没有过硬的背景，那就上律学、书学、算学吧。

律学相当于政法类大学，是唐朝法律专业的最高学府。律学的审查条件没那么苛刻，报名的都是全国郡县从事刑狱工作的官吏，如果顺利毕业，可以回到老家，掌管州县的刑狱，如果出了成绩，到大理寺或刑部做官也是可以的。

书学，就是书法学院，简单来说就是练习写字的。

书学有文化课程，比如《国语》《说文解字》《字林》等，除了理论知识外，日常课程就是练字。您可能很纳闷，练字也能成为一门学问？事实上，您写字的水平可以决定您的命运。

从您的口袋里翻出一枚铜钱，上面写着“开元通宝”四个字，那就是唐朝楷书大家欧阳询写的。皇帝想切磋书法，皇子要练习书法，中书省要起草诏书，各官府要誊写公文，权贵们写奏章，那都要会写字的人才，缺口很大的。

虞世南、褚遂良、柳公权都是唐朝著名的书法家，因为书法成就突出，深得皇帝的欣赏，朝廷还特地给他们加封“翰林侍书”的头衔。在那个年代，这帮人就是神一样的存在，只要皇帝有书法上的需求，肯定会传召他们。

李世民是个酷爱书法的皇帝，臣僚的字写不好，他也很着急。有时候，李世民会在弘文馆开设书法培训班，让欧阳询、虞世南亲自主讲，五品以上的高级官员集体参加，场面之壮观，堪比后世的托福、新东方英语培训班。

说得再现实点儿，如果您考进士，碰到笔试和面试成绩刚好一样的对手，您的字写得差，可能就直接被淘汰了。

算学就是数学院。如果进了算学，那就好好学习吧。那时候没有计算器，没有 Excel，学数学完全靠脑算和心算，研究起来肯定费劲。这样吧，您先把《九章算术》《缀数》《周髀算经》《五经算术》《海岛算经》等课程融会贯通，如果考试合格，运气不错，在工部或将作监捞个官职应该没问题。

如果您是有志青年，可以继续深造，做独立学者。中国古代的数学水平还是领先的，数学专著层出不穷，但是到了唐朝，学术研究却戛然而止，最终被西方超越。

如果您想学习医学，做唐朝的“华佗”，可以报考太医署。

如果您想学习天文学，搞星象研究，那就报考司天台。

如果您想研究马匹、牛羊，那就报考太仆寺。

如果您对玄学有兴趣，尚书省礼部有个祀部，下设玄学研究院。

总而言之，不管您的理想是什么，总有一款学校适合您。

多种多样的地方院校

不是每个人都有好命数的，能进三品大员的家门，那是您的荣幸，您就偷着乐吧。部分人就悲剧了，生在县令、县丞的家里，或者老百姓的家里，发现家徒四壁，只有几亩薄田。这种情况，您想进中央官学肯定是不现实的。如果想靠读书来改变命运，州学、县学等地方官学恐怕是第一选择。

唐朝地方官学有三种：经学、医学、崇玄学。

其中，经学归地方都督府、州府、县府掌管，医学归中央的太医署掌管，崇玄学归尚书省礼部的祀部掌管。

一般而言，学校的入学名额为 40 人至 80 人，根据地方户口规模而定。比如，长安的官学是 80 人，上州（4 万户以上）的官学是 60 人，中州（2 万户以上）的官学是 50 人，下州的官学是 40 人，县学也是一样的道理。

州、县官学的入学门槛不高，七品以下官员的子弟，州县胥吏的孩子，经济条件优越的农家子弟都可以上学。中央官学的定位是培养官僚，而州、县官学的定位是素质教育，为大唐王朝培养梯队人才。因此，州、县官学配备的老师，学校的福利，包括考试的及格标准都很低。

比如，60 个学生的官学配备一个博上和两个助教，50 个学生的官学只配备一个博士和一个助教；又如，学校没有规定学习年限，如果您能学会一经，考试通过就算毕业。毕业之后，您可以报考中央的四门学，选择继续深造，也可以参加科举考试。再不济，和州县的领导打个招呼，回老家做个低级胥吏（府衙打杂）。

不管是中央官学，还是地方官学，都属于高等教育，可以理解为大学。在这些学校上课的，基本是 14～33 岁的青少年和大龄青年。完成大学学业后，就要参加科举考试，开始全新的人生旅程。

不过，在考进官学之前，每个人都有自己的启蒙教育，这部分课程全部在小学完成。所谓的小学，也可以理解为“私塾”。

要搞小学教育，政府没有财力和精力，只能放任不管。这样一来，民间便大量地私设学堂，以至于教育方式五花八门。

第一类：家庭私教。

有些家庭就是书香门第。

对了，别以为书籍闻起来有油墨的香味，就叫书香门第。在古代，如果家里有大量藏书，是需要防虫防霉的。通常，古人会将一种叫“芸香草”的植物放在书籍里面，或者搁置在书架上，时间久了，一打开书籍，就会闻到一股清新淡雅的植物香味。没有两三代读书人的打理，没有纯正的书香，或是家里不出一位文官，就不能算正统的书香门第。

一般而言，这种家庭的老爷子可能是进士出身，或者是学术大佬，学风非常严谨。小孩子的启蒙教育，完全可以通过家教来完成，也可以说是精英教育。

第二类：门馆。

有些儒生的学识很高，在地方的名气很大，会选择以教书为生。通常，他们都会在自己家开设学校，或者租用村里的祠堂、庙宇，招收附近乡里的小孩子读书，这种模式就叫门馆。当然了，为了维持生计，门馆肯定要收学费的，至于日常的膳食，就得靠学生自己解决。

第三类：村塾。

在古代，村里的百姓基本都是同姓的，他们可能有血缘关系，可能是同一个先祖，也会有少数的外姓。村中辈分最高、德高望重的精神领袖就是族长，家族的祭祖典礼、家庭的纠纷，张家生了大胖小子，隔壁家有人去世，都是族长出面主持。

教育村里小孩子这种事，自然也由族长来操心。

一般而言，族长会找个地盘当教室，聘请一位老师。如果是富豪村，那就聘请一位有学识的大儒，如果经济条件一般，那就聘请一位落第学子，实在不行，就让村里读过几年书、认识几个字的人来当老师。

隋朝有个超级贵族叫李密（瓦岗军首领），曾经是隋炀帝的侍卫，后来参加杨玄感的谋反活动，成为全国头号通缉犯。在逃亡途中，李密隐姓埋名，靠着自己的学识，成功打动乡里的百姓，做了一位私塾教师。

这种情况，族长通常会给老师送点钱财、粮食、腊肉，这就算工资了。

第四类：家族私立学堂。

在县城或者州府，是不存在族长的。城里只有商界富豪、大地主、退休官员，他们可能自己出资，聘请优秀的老师办学堂。生源包括自己家族的孩子、好朋友的孩子、生意伙伴的孩子等。

第五类：自学成才。

如果您家徒四壁，交不起学费，每天还得下地干活，上学肯定不现实。这种情况，您家里肯定没有藏书，最好找村里的读书人借本书，然后效仿古人，在大晚上头悬梁，锥刺股，或者凿壁偷光，或者“画地为字”（书法），自学成材。

如果您年满 7 岁，家长就会送您去学校，开始启蒙教育。在学校，几乎都是和您一样的孩子，大家在一起读书、写字，玩泥巴、过家家，非常热闹。

有时候，您会碰到十几岁，甚至是二十几岁的青年，请不要诧异，因为启蒙教育就是教大家认字、写字、读书。碰到插班的大哥哥，您就多包容吧。

在古装历史剧里面，您可能经常看到这样的场景：在一所私塾里，老师拿着戒尺到处转悠，小孩子们摇头晃脑，口中念着“人之初，性本善。性相近，习相远”“天子重英豪，文章教尔曹。万般皆下品，惟有读书高”等。

博学的您一定知道，他们念的是《三字经》和《神童诗》。

如果真是这样，那肯定不是唐朝的历史剧。因为，我们所熟知的《三字经》《百家姓》都是宋朝时期的著作，《千家诗》也有宋朝版和清朝版两种。在唐朝的历史剧里看到这样的场景，那一定是导演和编剧杜撰出来的。

因为小学是启蒙教育，所以政府没有规定学习年限。如果您天纵英才，两年时间搞定全部课程，那就退学吧，找个高端的老师做家教；如果您没有追求，可以在学校混个 7 年时间，到 14 岁报考官学。怎么学习，完全看您自己的意愿。

私塾的基础课程:《论语》《孝经》。

这是必修的课程，老师会不断地给您讲解“忠”“孝”两个字的含义，还会给您讲古时候的经典故事，比如黄香温席。这是想告诉您，做臣子要忠君，做儿子要孝顺父母，这些都是您以后混江湖的立身之本。

基础课程学好后，老师会让您学习《千字文》《诗经》《文选》等课程。

另外，虽然是农村孩子，可唐朝允许男女自由恋爱，基本的情话还是要会说的。比如，和村里的小芳约会，可以说“关关雎鸠，在河之洲，窈窕淑女，君子好逑”，这对没读过书的女孩子来说杀伤力还是很大的。

如果是面对受过教育的姑娘，可以说“昔我往矣，杨柳依依。

今我来思，雨雪霏霏”，这样显得您更有文化。

如果您碰到特别有水平的老师，他们可能会讲授《周易》《老子》《庄子》等课程。毕竟，唐朝皇室崇尚道教，多学点“玄学”总是有好处的。

您可能发现了，在课程安排上，小学和大学的内容会有重复。原因很简单，小学的教学目标就是认字和写字。比如，要过年了，您能帮村里的邻居写几副春联；老人家要给在幽州服役的儿子写信，您能代笔；县里发了公告，您能帮大家念念；村里缺一位记账先生，您能顶上去，这就足够了。至于对书籍、文化的理解，那都是官学博士、助教的任务。

在唐朝，您上完小学，可以直接读大学，没有小升初、初升高的阶段。您唯一需要做的就是，好好读书，天天向上，其他的看您的造化。

第三章 在唐朝准备入朝为官是一种什么体验？

科举考试：凭本事参加“高考”

讲完了学校，唐朝普通读书人的人生轨迹就很清晰了。

7岁时，您开始上村里的私塾，学习《论语》《孝经》，经过几年的刻苦学习，您认识绝大部分的文字，可以提笔写字。如果给您三天时间，您能够独坐家中，苦思冥想，攒出一首七言打油诗，那就算很优秀了。

14岁时，您开始上大学。如果您有家庭背景，经济条件还不错，可以报考州里的官学；如果家庭一般，可以报考县学。

您评估了一下，老爹是县令，那就上州里的大学吧。不过，您觉得自己记忆力不好，因此选择了最低段位——两经，学期6年。

20岁时，您顺利通过大学考试。这个时候，您面临两个选择：第一，到国子监的四门学进修；第二，参加科举考试，万一考中了呢。

您想了想，自己的运气一直不错，抖擞精神，参加科举考试吧。

唐朝规定，科举分为两种：制举和常科。

制举作为恩科，是不定期的。某一天，皇帝召开朝会，看着殿内的群臣，发现全都是老面孔，而且没几个能瞧上眼的，于是心生感叹，放了句话：今年搞制举，选几个年轻人。

朝廷搞不搞制举，完全看皇帝的心情，随机性太强，还是别指望了，好好盯着常科吧。毕竟，朝廷每年都有常科，机会每年都有。

在唐朝，如果您想参加科举考试，必须具备“生徒”或“乡贡”的身份。如果是在中央或地方官学念的书，而且考试合格，被学校送到尚书省参加科举考试，那您的身份就是“生徒”。显而易见，只要您大学顺利毕业，就可以参加公务员选拔考试，多好的人生机遇。

可喜可贺的是，政府也没有把寒门学子的路堵死。如果是家境贫寒，靠凿壁偷光、燃薪读书十余载，最终自学成才，您可以拿着身份证找县里报名，参加州、县举办的选拔考试，它们统称为“解试”。唐朝有个叫马怀素的进士，年轻时家贫如洗，没有蜡烛。没办法，马怀素只能白天到山里砍柴，晚上燃起柴火，就着火光读书，最后考中进士。

在县里，主持考试的官员是县尉。如果有可能，尽量让这位大哥对你有好感，不管您考试成绩如何，是否推送到州里进行复试，完全是县尉的一句话。

在州里，主持考试的官员是司功参军。州级考试一般在八九月进行，也叫“秋闱”。考试结束之后，州里会给合格的学生颁发“解状”。从此时开始，您的身份就变成了“乡贡”，也叫举子。提醒您一下，朝廷的乡贡是有名额限制的。

唐朝前期，官学的生徒是科举考试的主力军，从武则天开始，朝廷开始增加乡贡的名额，有时候是一千五，有时候会飙升到三千。不管名额有多少，您都别高兴得太早，在浩浩荡荡的考试大军中，京兆府、同州、华州等地的学霸太厉害，会抢占很多名额。更何况，唐朝有几百个州府、上千个县，朝廷已经规定，上州有3个名额，中州有2个名额，下州有1个名额。平均算下来，您恐怕只有考到县里的第一名，才有被录取的希望。

每年的十月二十五日，长安城都会热火朝天，盛况空前，因为全国各地的行政一把手会齐聚长安。一般而言，他们有三项任务：向中央主管部门汇报地方官员当年的绩效；将地方的土特产进贡给皇帝；将“乡贡”送到尚书省，准备接下来的考试。

十一月份，学子们齐聚大明宫含元殿，等待皇帝的接见。这一天，中书省四方馆的“新闻发言官”——通事舍人会这样夸您：

卿等学富雄词，远随乡荐，跋涉山川，当甚劳止。有司至公，必无遗逸，仰各取有司处分。

接下来，尚书省会接管所有的流程。

流程一：审查考试资格。

您需要交两个文件：一个是州府开具的解状，这是您参加考试的资格凭证；另一个是“家状”，上面写着您的具体信息，比如您的姓名、年龄、籍贯、祖宗三代的名字（查看是否会犯皇家的忌讳）、您家的户主、父母的年龄、举数（来自哪个州的考场）、场第（报考哪个科目）、您的相貌特征（脸上有没有痣等）。如果您的家族有人做官，也得报备他们的名字、官职等。

资料递交上去后，吏部或礼部会统一审核，统一发榜，公示结果。

请注意，只有名字在榜上的学生才能参加科举考试。如果您被人举报曾偷盗过财物，或者隐瞒考试信息，都会被淘汰。甚至，如果审核官看您不顺眼，动点手脚，您就没资格参加考试了。

流程二：组织考试。

唐朝前期，负责考试的是尚书省吏部考功司，由考功员外郎担任主考官。李隆基时期，尚书省礼部接管考试事务，主考官变成礼部侍郎。

每年的二月、三月，科举考试正式开始，因为在春天举行，也叫春闱。

在电视剧里，科举考试的场景通常是这样的：考场被官兵严密把守，考生提着一个篮子，里面装着毛笔、砚台、墨条，还有干粮，在礼部官员的引导下鱼贯入场。

入场前，官员会搜查考生的随身物品，有时候甚至会翻看考生的衣服，防止夹带纸条作弊的情况发生。总而言之，只要是写有文字的东西，绝不允许带入场。

检查完毕之后，考生便来到一个小屋子，里面有一条桌案，有一张小床。接下来的几天，只要不作弊，可以做任何事，包括睡觉。

实际上，那只是清朝科举的情形，唐朝的考场可是另外一番场景。

考试时间：卯时（早晨5时—7时）开始，酉时（晚上5时—7时）收卷。

必带物品：笔墨砚台、清水、食物。

是否搜身：按照惯例，需要搜身，但是不严格。

考试地点：尚书省，廊庑。

廊庑就是屋檐之下的过道。考试那天，有关部门会在屋檐下摆满小桌，考生们席地而坐，参加考试。二月、三月的长安，如果您运气不错，可能会碰到暖阳高照的天气，可大部分时间都是寒风呼啸，甚至是雪花飘飘。善意地提醒您，还是带上暖宝宝吧，在别人冻得手脚哆嗦、无法写字的情况下，您的暖宝宝可能会改变您的命运啊。

说完了考试流程，您得确定自己要报考什么科目。

现在报考大学只有文科和理科两种类型，但回到唐朝，您会发现考试的科目五花八门：秀才、进士、明经、明法、明书、明算……掰着您的十根手指头，至少能数五轮。没错，就是有五十多种考试科目。

您可能很自信，凭自己的实力，考个秀才没问题吧？明朝和清朝时，光一个村里就有好几个秀才，他们只是读书人中最低级别的称号。但是在唐朝，秀才科堪称魔鬼科目，难出天际。武德年间，朝廷就设了秀才科，可每年录取的人数通常是这样的：前年是零，去年是零，今年还是零。关键是，皇帝和朝臣都知道，明年可能还是零。除非，某位大神横空出世，才会破了零蛋的纪录。

在读书人的圈子里，秀才就是最高等级的称号，只能拿来膜拜。

如果您考中了秀才，完全可以学螃蟹横着走路。有谁敢不服气，您只需要说：我考上秀才了，你呢？

您别不信，看看进士科，每年都会录取几十名，而秀才要么没人考中，要么只录取一到两人。在唐朝的官方记录里，李渊钦定了六名秀才，李世民钦定了二十二名秀才，唐高宗李治钦定了一名秀才。在唐朝，秀才就是凤毛麟角的存在。

中国古代的皇帝有个朴素的想法：朕经过不懈的努力，打造了一个太平盛世，如果您是位贤才，就算隐遁在犄角旮旯，朕也会请您出山，给您谋个差事。毕竟，贤才出山，辅佐朝廷，代表着国力繁荣、政治清明、皇帝圣明。

李世民喜欢人才，每年都开秀才科，可几轮考试下来，过关的寥寥无几。有一次，李世民的心情很差，对近臣说了几句话："朕发诏征天下俊异，才以浅近问之，咸不能答。海内贤哲，将无其人耶！朕甚忧之。"

瞧瞧，因为读书人总是考不中秀才，弄得李世民都开始怀疑人生了。

不过，这能怪读书人吗？能考中秀才的，必须是全能型人才。

第一，心理素质要强大。如果您见到市委书记，心里会不会忐忑？见到省委书记，您还能不能说出一句完整的话？对于只知埋头苦读，没见过大世面的书生来说，要在皇帝、朝臣的面前自信地口若悬河，那是何等的艰难。

第二，要精通经学。要考秀才，三经是起步，五经有保障，全能才是王道。

第三，要精通史学。不懂历史，怎么谈论政治，怎么引经据典，怎么和皇帝聊天唠嗑，怎么写优秀的文章？想打动皇帝，必须对历史有独到的见解。

第四，要精通文学。连进士科都要考诗词歌赋，要写文章，更别说秀才了。

第五，书法要优秀。即便很难和欧阳询、虞世南等人并驾齐驱，但是，您把作品拿出来，至少要让旁人尊敬地竖起大拇指，说上这么一句：这是个高手。

第六，要精通时务。皇帝问您，如何看待大唐和突厥的外交关系，如何看待当前官场存在的弊端，如何看待国家的税收制度？这些您都得能侃侃而谈。

第七，还要精通方略。什么叫方略？就是您不仅要知道问题的症结所在，还要高屋建瓴、引经据典地提出您的解决办法。而对没有实战经验的人来说，这就是一道送命题。

比如，太极殿内，李世民问您：马上要和突厥开战了，朝廷的平叛方略是什么？您昂首挺胸、霸气外露地回答道：犯强汉者，虽远必诛。好样的，信口开河，成功引起北境的全面战争，扣十分。

李世民再问：为什么要打突厥？您理直气壮地说：因为他们该打。好样的，不懂唐朝和突厥的外交历史，不懂皇帝和突厥的历史恩怨，扣十分。就算李世民想打，但您没有站在道德的高度抨击突厥的恶劣行径，帮助李世民发动战争找一个完美的“借口”，再扣十分。

李世民再问：如果要打，什么时候合适，后勤军需如何保证？您答不出来。好样的，如今正值秋收季节，农民都在地里干活，您拉着他们打仗，地里的庄稼怎么办，朝廷的税收怎么办？这些都没考虑，再扣十分。

李世民再问：朕好几年没打仗了，好想御驾亲征。好样的，您觉得御驾亲征很涨士气，满口赞成。问题是，如果打败了，李世民被敌人干掉，或者被俘虏了怎么办？李世民出征，如果太子在京城造反怎么办？就算李世民出征，派谁留守长安最合适？这些问题您都得考虑进去。

面试进行到这里，您基本上可以洗洗睡了。

如果您真的想过关，可以多读读前朝的史书，上面记载了历朝历代君臣奏对的细节，看看大神级的朝臣是如何组织语言，如何思考问题的。就算学不到他们的精髓，学一个大概的思路，也可以让您加不少分。

武德年间，报考秀才科的学生还挺多，地方州、县也会举荐优秀学生参加考试。问题是，考试通关的同学凤毛麟角，学生们还经常惹皇帝生气，以至于推荐他们的地方官员都要跟着背锅。时间久了，敢挑战秀才科的学生越来越少，地方官更是停止了举荐。永徽年间，李治便停了秀才科的考试。

论考试难度，秀才科是 A 级，进士科是 B 级，明经科是 C 级。

一般而言，明经科需要考经学、时务，进士科除了考经学和时务外，还要加考诗赋。

您表示，考试通关才是王道，傻子都会选择最简单的科目。

考生名字：张三。

报考类型：二经，即《春秋左氏传》《易经》。

考试内容：第一考，贴经；第二考，问义；第三考，答策。

所谓的贴经，其实就是填空题。考试那天，考官会给您发10道考题，考题是《春秋左氏传》中的句子。比如：郧人军其郊，必不诫，且日虞四邑之至也。君次于郊郢，以御四邑。我以锐师宵加于郧，郧有虞心而恃其城，莫有斗志。试卷可能会拿掉“诫”“宵”“恃”三个字，您的任务就是填空，三个字全部填对，这一题就算答对。

除了《春秋左氏传》《易经》，考官还会从《论语》中挑8道题，《孝经》中挑2道题，如果您生活在武则天时期，还要考《老子》的5道题。如果答对了60%的题目，贴经这一考就算通过了。

您想抄袭别人的试卷？对不起，您是A卷，左边考生是B卷，右边考生是C卷，根本没法抄。

各位读者，你们是否想起了高中时期的语文考试，各种文言文填空，诗词填空，如果您高中语文成绩很差，穿越到唐朝，照样是挂科的选手。相反，如果您能把几本书的内容倒背如流，就可以纵横大唐的考场，笑傲群雄。

一场填空考试，几乎刷掉大部分考生，合格的同学进入第二轮。

书籍还是那几本，可考试方式有点变化，比如要求解释《周礼》

中“凡货不出于关者，举其货，罚其人”这句话的含义。如果您是低段位选手，直接翻译过来就可以。如果您是高段位选手，讲讲时代背景，讲几个典故，效果会更好。

考核标准也很简单，两经选手答对60%算及格，三经选手答对80%算及格。

可以说，明经考的是学生的记忆力，选拔的都是靠死记硬背的书呆子，皇帝们也知道这个弊端。可是没办法，唐朝初年的科举考试处于发展阶段，大家都在摸索着前进。更何况，科举考试的本质是为了改变门阀政治的格局，给寒门学子提供晋升通道。如今，寒门学子相继进入朝廷，目的就算达成了。

对唐朝的皇帝来说，科举考试就像是食物。

唐朝前期，皇帝想突破寒门学子晋升的通道，犹如解决温饱需求。到了中期，选的官员越来越多，皇帝们开始堵得慌，毕竟谁都想选几个治国能臣啊。这个时期，温饱不是主要需求，精致的美食才是皇帝想要的。

说这些话，您可能不服气，那咱们看看唐朝的状元吧。

孙伏伽，武德年间状元。

宋守节，高宗时期状元。

弓嗣初，高宗时期状元。

姚仲豫，中宗时期状元。

严迪，玄宗时期状元。

范崇凯，玄宗时期状元。

这么多状元，居然没有一个成为唐朝名臣，青史留名的。看着这个名单，咱们可以总结一下：书读得太多，除了被别人称赞为“学霸”，对事业似乎也没有什么帮助。

开元时期，李隆基主动改革，增加了“时务策”的考试，朝廷要求你懂国家的政治、经济、军事、文化，最好有自己的见解。三国时期诸葛亮的《隆中对》，明朝时期刘伯温的《时务十八策》就是标准版的时务策答卷。咱没有那么高的水平，搞个低配版的交差，绝对可以胜过一半的竞争对手。

由于明经科考试难度很低，每年大概可以录取 100 人。至于进士科，因为加考了诗赋，难度直线飙升，每年只录取 20～40 人。

您可能纳闷了，说起写诗，哪个朝代能赶得上唐朝？王勃、孟浩然、王昌龄、王维、李白、高适、杜甫、刘禹锡、白居易、李贺、李商隐……唐朝记录在册的诗人就有两千多名。那么问题来了，这些大神级的诗人都生活在什么年代呢？为何唐朝的诗坛这么牛？

其实，翻翻他们的履历就能明白，只有王勃是初唐的大诗人，其他人都是开元年间冉冉升起的巨星。李隆基有资本吹牛，毕竟自己主政的年代是唐朝文学界的巅峰时代。可如果追本溯源，他必须感谢一个人：唐高宗李治。

唐朝初年，进士科考试和明经科考试的本质是一样的，完全靠死记硬背。到了李治这里，大唐的权力高层都在质疑，朝廷选一帮书呆子有啥意义？ 681 年，主管考试的考功员外郎刘思立发出了灵魂呐喊：“进士惟诵旧策，皆无实才。”

李治问：那你说怎么办？

刘思立答：加试杂文（诗赋）二篇。

唐朝初年，在统治者的眼里，诗词都是杂文。可不管怎么说，杂文是原创，经文只是背诵，能作诗赋的学生，至少都有点儿灵性啊。

从那时开始，诗赋成为进士科的必考科目，也变成莘莘学子毕生钻研的学术领域。没有李治，可能就没有“君不见黄河之水天上来，奔流到海不复回”“回眸一笑百媚生，六宫粉黛无颜色”这些流传千古的名诗，也就没有璀璨的唐诗文化。

您可能有疑问了，唐朝的写诗大神层出不穷，凭他们的实力，捞个进士的头衔还不是易如反掌？然而，还真不是这样。

想中进士，您首先要有过人的记忆力，先过第一关的贴经、第二关的问义、第三关的答策，最后才有机会展示您的文学才华。瞧瞧李白、杜甫、白居易这些大神，都会写诗，尤其是李白，几碗米酒下肚，竟然能立马吟诵一首诗出来，这着实是才华横溢，可最终还是倒在了惨绝人寰的科考之路上。

古往今来，都是物以稀为贵。想想看，明经科每年录取 100 人，进士科只录取 20 人，而且进士是会写诗、自带光环的人物，怎么能不让人羡慕。

在唐朝，进士被大家喻为“白衣公卿”“一品白衫”，意思就是，这帮小伙儿现在虽然穿着白衫，默默无闻，但是迟早会成为朝中宰相。

唐朝还有一句流行语：“三十老明经，五十少进士。”意思就是，你三十岁考上明经科，年纪就已经算大了，说明你实力不行；而五十岁考中进士科，年龄还算小，说明你很优秀。

瞧瞧大诗人孟郊，四十六岁的时候考中进士，立马就写了一首诗：

昔日龌龊不足夸，今朝放荡思无涯。
春风得意马蹄疾，一日看尽长安花。

这个年龄，在现代社会都很难找到工作了，可孟郊觉得自己的人生刚刚起步，春风得意呢。

大家都有考中进士的理想，可现实还是挺骨感的。

就拿进士科来说，您考完试，把试卷交上去，接下来就等礼部侍郎批阅您的试卷。那个年代，朝廷不设百分制，礼部侍郎看试卷，就看您的作品有没有打动他的点，符不符合他的审美观。看完之后，他会直接给出“过”或“不过”的评价。

按照规矩，礼部侍郎是唯一的试卷审核者，也是无数学子的命运裁定者。可是在大唐官场，还有一群人可以决定您的命运，那就是文坛前辈、政坛大佬、社会名流，比如皇室的公主，大诗人陈子昂、张九龄等。

如果您想考中进士，而且获得好名次，一定要找他们“行卷”。

好吧，这又是一个陌生的词汇，需要解释一番。

不管是后世的科举考试，还是当今的高考阅卷，全部是糊名制度，也就是把考生的名字封住，不让考官知道。在唐朝，所有的试卷都是不糊名的。在这样的制度下，如果您的名气足够大，考官看到您的名字，自然会多一点关注。

知道这个规则，您就要学会包装自己了，专业说法叫自我营销。

策略一：在文坛尽量活跃点，多参加社交活动。

会写诗重要吗？重要。问题是，您把自己关在家里，自娱自乐，谁能知道您是大诗人呢？还是出去吧，和李白、孟浩然、王维这些诗人搞搞交友活动，顺便推销一下自己的作品，说不定哪首诗被大家捧红，您就成了名人。

策略二：考试之前，埋头创作，写点自己的作品。

就拿大诗人杜牧来说，考进士之前，自己就创作了几百首诗。考试之前，他精心挑选了一百五十首高品质的作品，用楷书规规矩矩地誊写在纸上，然后找师傅装裱，搞成一个高端的诗作集。大诗人皮日休更厉害，他誊写了两百多篇诗作、文章。这样做的目的，就是让别人觉得你是高产诗人，有文化。

制作诗集的时候要注意，要把最精彩的作品排在最前面（决定行卷效果的往往是前面的几篇）。千万不要有错别字，千万不要犯皇帝、宰相、礼部侍郎、行卷对象的忌讳。打比方说，唐太宗叫李世民，而您的诗作里面居然有“世”这个字，那对不起，作品集您拿回去，别给我惹事儿。

什么，您不知道怎么避讳？

告诉您三个小技巧，也是古人常用的避讳方法。

第一种是使用同音字或同义字，比如原本是“世”字，您可以写“事”“室”。这个不算错别字，只要是有文化的领导，基本上都能分辨出来。

第二种是缺笔法，还是“世”字，您可以少写一个笔画。

第三种是空字法，遇到犯忌讳的字，您可以空着不写，可以用“□”代替，可以用“某”代替，也可以用“讳”代替。这种办法是最靠谱、最没风险的。

还有，递交作品集的时候，别忘了您的自荐信。这个时候，千万别吝啬您的赞美，只要把行卷对象哄开心了，您的作品又看得过去，那事情就成了一半。

如果行卷对象喜欢您的作品，他就会在上流圈子给你做广告，还会把你的作品集转交给礼部侍郎。有名人背书，您很快就会成为长安城的明星。

放心吧，只要行卷对象赏识，肯定会不遗余力地为您宣传，如果您获得好的名次，他就是您的伯乐，说出去也有面子。

策略三：如果有可能，尽量结识社会名流。

行卷对象就是您的广告合作商，选择大品牌、有影响力的肯定没错。如果您生活在武则天时代，能找上太平公主，就别找陈子昂。

在您行卷之后，您的靠山会通过自己的关系网，把您的作品集转交给礼部侍郎。注意，可千万别做愣头青，自己去找礼部侍郎，容易被乱棍赶走。礼部侍郎觉得您的基本素质不错，试卷也答得不错，那基本就有戏了。

韩愈，算是大文豪了吧，这位老兄报考了三次进士科，连续挂了三次。第四次考试的时候，韩愈预感自己可能又要挂科，于是抱着试一试的心态，找退休的宰相郑余庆行卷。老郑看了他的作品，觉得是个人才，便在朋友圈大肆宣传，为韩愈造势。就在那一年，韩愈考中进士，迈向了人生的巅峰。

在唐朝中晚期，如果您没有行卷，基本上可以卷铺盖回家了。

行了卷，找对了人，就可以等礼部的消息了。

按照程序，礼部侍郎会列一个过关的考生名单，然后转交给宰相、皇帝，征求他们的同意，定下考生的名次。随后，尚书省会举行“唱第”仪式，被唱到的考生就算是及第，落榜的就算落第，这算是官府内部的最后公示。

每年的春天，二月或者三月，礼部会选个吉祥的日子放榜，俗称“春榜”。

清晨时分，承天门传来鼓声，预示着长安开始了新的一天。这时，礼部官员便赶到礼部南院的东墙，开始张榜工作。大诗人韦庄写过一句诗：“一声天鼓辟全扉，三十仙才上翠微。”说的就是礼部放榜的事情。

张榜的时候，考生就已经来到礼部贡院。这个时候，您可以看到，榜头是竖着排布的四张黄纸，上面写着“礼部贡院”，后面就是用浓墨誊写的榜单。

慢慢看吧，千万别错过，说不定您的名字就在其中。那些欢呼雀跃的，肯定是中榜的考生；神情落寞的，是落第的考生。在这里，您会遇到初出茅庐的年轻人，也有考过八次甚至更多次的老油条，可谓看尽人生百态。

大家都知道，排在第一的叫状元。那第二、第三呢？榜眼、探花？遗憾地告诉您，唐朝只有状元，至于榜眼、探花的称号，宋朝才出现呢。

科举是一年一度的盛事，朝廷可不敢马虎。放榜之后，朝廷会安排专人把榜单发到全国各地，这就叫“十年寒窗无人问，一举成名天下知”。

除此之外，还有录取通知书。开元年间，录取通知书是“泥金帖子”，也就是用泥金为墨，将录取信息写在纸上。唐朝后期，朝廷重新制作了“金花帖子”，也叫黄花笺，就是用金粉装饰顶级笺纸，做一个漂亮的外壳封皮。金花帖子是正式的录取通知书，由朝廷派人送到县衙，由县衙组织专人，骑着高头大马，一路敲锣打鼓，前往您的老家报喜。这个时候，您的老父亲肯定会张罗很多饭菜，邀请四方邻居、县衙公人吃顿饭，也算为您扬了名。

如果您榜上有名，那恭喜您，您的人生将会开挂前行。中榜之后，有关部门会告诉您，别离开长安，等着参加朝廷的各种仪式吧。

仪式一：拜见宰相。

放榜的那天，礼部官员会带着您前往大明宫光范门里的东廊，先在这里吃个早饭。早朝完毕之后，您跟着宰相们到中书省，此时，宰相们排排站，礼部官员唱道：礼部某姓侍郎，领新及第进士见相公。这个时候，状元郎代表新科进士致辞，表达对宰相的尊敬，随后大家做自我介绍。拜见完宰相，您还得去单独拜见中书舍人，流程一模一样。至此，第一个仪式才算结束。

仪式二：拜见主考官。

您能够进士及第，礼部侍郎绝对是您的首席恩人。

在这样的风气下，礼部侍郎有个霸气的外号，叫“座主”，您是他的门生，你们是师生关系。既然是师生，拜见地点一般都在礼部侍郎的家里，如果礼部侍郎想避嫌，可能会把地点设在礼部大堂。

谢恩的当天，大家骑着高头大马前往礼部侍郎的府门前，在家仆的引导下，来到正堂。此时，礼部侍郎已经端坐在主位，状元郎代表大家致辞，大家各自介绍。随后状元郎坐在副位，大家喝茶聊天儿，交流一下感情。

提醒您注意，成了师生，大家的利益就绑在了一起。

比如，您的座主参加军事政变，却以失败告终，您虽然没有参加，可您的政敌想打击您，就会说您是某某的门生，那么您大概率会被贬官。

公元736年前，科举考试由吏部主管，考试就是考试，风气很正，就算您是考功员外郎选拔的，也不算他的门生。到了开元年间，礼部侍郎主管科举考试，再加上行卷的风气，这才出现座主和门生的高级玩法。

仪式三：期集。

这个说法很风雅，其实就是同学聚会。

在古代，能够在同一科金榜题名，那就是前世修来的缘分，他们非常珍惜这种考场上的战斗感情。如果不出意外，大家都能做大官，张三发达了，稍微提携一下李四，王二做了宰相，照顾一下郑五，都是很正常的事儿。

既然是聚会，那就得吃大餐，喝大酒，搞出点仪式感。一般来说，拜见完礼部侍郎后，他们会在附近租用一个场地，名叫期集院。录取通知书到来之前，期集院就是新科进士的大本营，是放纵自己灵魂的地方。

进士及第，金榜题名，您是不是觉得自己走进了官场？

如果您这样想，就太天真了。所谓进士及第，代表您获得做官的资格，至于做什么官，还得经过吏部的资格审查、铨选。毕竟，吏部才是中央组织部，管理官员的衙门，得尊重他们。收拾收拾心情，准备到吏部报到吧。

接待官员：吏部员外郎。

接待部门：吏部南曹（临时组织，骨干就是两名吏部员外郎）。

审查内容：身、言、书、判。

身：身体健康。身材伟岸的考生，自然可以加分。如果您驼背，腿脚不好，或者双眼无神，精神萎靡，肯定会遭到吏部官员的嫌弃。毕竟，朝廷也不想录用一个没有精气神的官员。

言：说话有逻辑，口齿灵敏，头脑清晰。

想想看，如果您是个结巴，或者说话没有条理，怎么给领导汇报工作，怎么服众，怎么做府衙的一把手？如果说话不利索，那可是超级减分项啊。

书：书法优秀。写字好看的考生，朝廷自然喜欢。

判：就是看考生有没有独立断案的能力。在古代，基层官员最重要的工作就是断案，不管是民事案，还是刑事案，交到您的手里，您需要在最短的时间内破案。断不了案，老百姓无法申冤，就会觉得你是个无能的父母官；破案率上不去，上级领导会觉得你在拖后腿。

吏部设置资格审查环节，也有他们的考虑。

第一，挑选精英中的精英，筛选礼部送来的歪瓜裂枣。

第二，说起来很现实，朝廷的坑位是有限的。比如，今年有 300 个空缺岗位，却有 500 个候选人，吏部肯定要想办法筛掉 100 人。至于剩下的 100 人，吏部只能让他们继续候选，直到有空缺的岗位出来。

每年的五月，吏部开始第一轮资格审查。

对新科进士来说，如果这四个指标都过关，等着封官就好。如果您落了榜，可以找中书省、门下省复核。如果是吏部审核出现了纰漏，他们就会挨板子；如果是您自己的原因，那您就挨板子吧。

第一轮资格审查后，南曹会把您的档案交给吏部尚书（负责六品、七品官员的铨选）、吏部侍郎（负责八品、九品官员的铨选）。每年的十月，吏部的官员会评估您的能力、品行，匹配空缺的官职，确定最终的结果。

不管是秀才，还是明经、进士，吏部都会给您一个散官官阶，但是级别不会太高。如果您是秀才，大概是正八品上、正八品下、从八品上、从八品下四个级别。如果您是明经或者进士，大概是从八品上到从九品下的级别。

至于您的职事官，完全看领导的意思。一般而言，通过科考入仕的学子，多半会被授予县令、县丞、县主簿、县尉、州参军、州录事等地方性职务。

没办法，进了大唐官场，您就不能自由择业，只能被分配工作。

僧多粥少，竞争上岗，肯定会有人不满意。比如，新科进士张三，吏部给他安排的官职是凉州主簿。张三心有不满，认为凉州就是个鸟不拉屎的地方，去那儿没前途，在这种情况下，张三可以拒绝吏部的提议，重新申请新的官职。按照规矩，张三有三次申请的机会，吏部也有三次拒绝的机会，如果双方无法达成一致，张三只能赋闲在家，等待明年的铨选机会。

铨选，很像商业交易，大家你来我往，尽量能谈出最好的结果。

完事之后，尚书省会把名单交给门下省审核，俗称“过官”。随后，中书舍人会起草您的任命书，中书省走完流程，您就可以拿到人生第一份公务员录取通知书了。如果不出意外，三月份您就可以走马上任，正式做大唐的公务员了。

门荫入仕：拼家世也是可行的

在任何时代，家境殷实都是非常有利的。

想想看，如果您是穷人家的孩子，没钱买书，只能找别人借；没钱买蜡烛，只能燃薪为灯，埋头夜战；没有钱财，不能报考官学，想要参加科举考试，只能先成为县里的状元，再讨好州县的官员，和别人抢夺州里仅有的考试名额。到了长安，您必须到处找社会名流行卷，争取得到主考官的注意。

悲剧的是，您奋力争取来的终点，很可能只是官僚子弟的入仕起点。

在我们的印象中，县令的儿子已经算是干部子弟，有头有脸的人物了吧，可是在唐朝的官僚圈子中，他们属于低级的阶层。如果您经常在长安混，会看到一群含着金汤匙出生的超级贵族，他们的入仕之路会让贫寒子弟纷纷汗颜。

权贵子弟的仕途快车道，就是传说中的“门荫制度”。

一句话解释，如果您的爹是朝中权贵，您就可以获得相应的散官品级。有时候，您的儿子，甚至是您的孙子都可以获得散官品级。

请注意，朝廷只给您封散官，而不是职事官。

打比方说，您是兵部尚书的儿子，觉得可以不用读书，不用考试，靠老爹的面子便能直接在兵部混个员外郎的官职，那您就太天真了。皇帝靠门荫收买功臣，巩固自己的统治，却不会挖自家的墙脚。前面说过，散官只是一种身份的象征，可如果不到一定的级别，您没资格穿朝服，没资格领取俸禄（赚不到皇帝的钱），您想要做官，还是要老老实实地奋斗。

一句话，在皇权至上的游戏规则下，您再怎么算计，也算计不过皇家。

您可以获得什么级别的散官，主要看您老爹是什么级别（详见下表）。

父亲品级	门荫品级
一品的儿子	正七品上
二品的儿子	正七品下
正三品的儿子	从七品上
从三品的儿子	从七品下
正四品的儿子	正八品上
从四品的儿子	正八品下
正五品的儿子	从八品上
从五品的儿子	从八品下

请注意，要知道您爹是什么级别，就看他的散官品级（本品）。比如，老爹是兵部尚书（正三品），本品却只有正四品，那您只能捞个正八品上的品级。

朝廷还规定，三品及三品以上的官员，曾孙可以享受荫封，孩子的辈分每降一级，官品也跟着降一级。五品及五品以上（不到三品）的官员，孙子可以享受荫封，级别要比儿子降一级。当然了，如果官员张三的级别是正四品，他的儿子张四却做到了正三品，那么张三的孙子完全可以抛弃他，选择老爹张四的荫封。

一般而言，如果您的老爹是高级官员，从您出生那一刻开始，您就已经有散官的光环了，这就是您的金钥匙。

拥有散官头衔，代表您的起点要比寒门子弟高，可前提是，您得有职事官的头衔。毕竟，荫封是一回事，荫封入仕是另外一回事。

作为荫封子弟，入朝为官的途径还是挺多的，比如担任太庙斋郎、郊社斋郎、挽郎等职务。

在唐朝，皇帝、皇后、太子、亲王等人去世，朝廷会选拔一批优秀青年，作为送葬队伍的挽郎（抬棺材，牵引灵柩，唱挽歌）。

一般而言，挽郎需要满足几个硬性要求：是贵族子弟，爷爷和老爹的级别为四品以上；要五官端正，只要有身体缺陷，一律不准入选；年龄要在十三岁到二十一岁之间。

比如李世民的儿子魏王李泰去世，朝廷会组建一支挽郎方阵，举办短期的政治礼仪培训班。大致课程包括：表情管理，要求是凝重肃穆，略带哀伤；还有方阵的步伐频率和大小，以及怎么唱好挽歌（悼歌）。

至于福利，包吃包住，朝廷配发统一的服装。培训结束之后，礼部会统一考核，如果各项考核都达标，就可以正式加入挽郎方阵。

丧礼结束之后，礼部会把档案移交给吏部，挽郎就正式成了朝廷后备官员，接下来，等着吏部铨选，到时候您就可以正式入朝为官了。

挽郎制度，表面上是皇权给政治贵族晋升的特权，捆绑大家的利益，其实是一种精神的奴役。在挽郎培训中，朝廷会制定烦琐的封建礼仪，灌输封建礼教中的等级、尊卑等思想，让贵族子弟觉得给皇族抬棺材、唱挽歌是一种政治荣耀和人生际遇。最主要的，挽郎还是差额晋升制度，不是你想进就能进的。这也就意味着，选择权在皇族手里，贵族子弟需要找皇族讨要。

杨志诚在十三岁那年恰逢李世民去世，于是被朝廷选拔为挽郎。丧礼刚刚结束，杨志诚就晋升为潞王府典签（从八品下）。

唐朝官场就是熬资历，谁先入仕，谁就有机会做大官，贵族子弟借着这个优势，一直碾压寒门学子。而且，门荫入仕的官员越多，科举入仕的名额就越少。

唐朝统治者的国策，是利用科举考试提拔寒门学子，逐渐取代政治世家。门荫制度的发达，并不符合他们的统治利益。

武则天时期，就有朝臣上奏："今贵戚子弟，例早求官。或龆龀之年，已腰银艾；或童卯之岁，已袭朱紫。千牛，辇脚之徒（挽郎）……少仕则废学，轻试则无才，于其一流，良可惜也（《通典》

卷十七)。”

奏折的意思是，挽郎之徒如果过早做官，就会放弃对知识的追求，进而导致才学贫瘠，无法做一流的官员。问题在于，学富五车、才华横溢与务实能干、品行高洁不能完全画等号，而且论祸害朝政的水平，读书人似乎更胜一筹。

冠冕堂皇的背后，其实就是贬低门荫特权，争夺入仕的名额指标。

对有志青年来说，内心确实会鄙视挽郎入仕的群体。

唐高宗时期，姚崇被选为已故太子李弘的挽郎，明明有机会做官，可姚崇却拒绝吏部的选拔，重新参加了“下笔成章举”，最终做了濮州司仓参军。

对有理想的学霸来说，参加科举考试，获得正经荣誉才是王道，谁也不想做官之后被同僚这样评价：这货是靠抬棺材起家的。

除了挽郎，您还可以做斋郎。

简单点说，李唐皇室有供奉祖宗的太庙，有祭祀天地的皇家庙宇，斋郎就是打扫卫生、准备祭礼物品，或者站岗的人。朝廷给您享受门荫的机会，您就得为皇家服务，完事后再愉快地做官。

葬礼年年都有，可皇帝、皇后、太子和亲王的葬礼，那是可遇不可求的。没机会做挽郎，您就得想其他办法了，比如到朝廷的五府三卫、千牛卫服役。

穿越回大唐，您想到皇宫里逛逛，肯定会遇到宫门卫士的盘问。善意地提醒您，别以为他们看守宫门，就是个普通的门卫。就拿太极宫的承天门、长乐门、永安门来说，值班卫士都是权贵子弟，到了太极殿、两仪殿、甘露殿，随便拎出一个卫士，他们的人生起点，可能就是您奋斗的人生终点。

简单地说，唐朝的太极宫、大明宫、太子宫有一群看门卫士，他们有特殊的编制，分别叫亲府、勋府、翊府。其中，勋府分为勋一府、勋二府，翊府分为翊一府、翊二府，所以统称为“五府三卫”，总编制为 4963 人。

每个府都有扛把子，官名叫中郎将，级别正四品上。请注意，这是领导级别，属于职事官。如果您想服役，只能做亲卫（正七品上）、勋卫（从七品上）、翊卫（正八品上）。很显然，亲卫的级别是最高的。

在那个年代，您的老爹必须是三品以上的高官，或者爷爷是二品以上的高官，您才有资格做亲卫。就算是做最低级别的翊卫，老爹的级别至少也得是五品。而且朝廷还规定，只有年满 21 岁，年富力强者，才能入选三卫。

朝廷就一个原则：越靠近皇帝，越靠近核心宫殿群，说明您家的资历越深，级别也就越高。毕竟，三卫负责皇帝的安全，谁也不敢把寒门子弟安插在里面，万一谁心怀不满，趁着值班的机会捅皇帝一刀，岂不是要天下大乱？

除了五府三卫，您还可以到左右千牛卫服役。

在唐朝历史剧里，千牛卫的身影随处可见，比如《神探狄仁杰》中的李元芳就是千牛卫大将军，官居正三品，非常神气，也非常神秘。

在古代，“千牛”指的是千牛宝刀，意思是砍杀一千头牛，钢刀依然不断。如此好货，自然要给皇帝随身佩带使用。问题是，皇帝亲自携带佩刀很不方便，也没威严，所以就把刀交给了身边的卫士。随着历史的发展，皇帝的贴身卫士就成了千牛卫，替皇帝拿刀的卫士就叫千牛备身。

千牛卫是禁卫军，有完整的编制体系。其中，扛把子叫千牛卫大将军，属于职事官。如果您想服役，可以选择千牛备身、备身左右、太子千牛。

千牛备身就是拿千牛宝刀的群体，编制十二人。这些人都是权贵子弟，往上数两代，必须是家世清白的贵族后裔。基本要求就是：武艺出众，胆气豪迈，不能给皇帝丢脸的同时，更不能把千牛宝刀砍向皇帝本人。

备身左右就是拿御用弓箭的群体，编制十二人。在尚武的年代，皇帝很在意出行的排场，身边的卫士必须拿着武器，这才觉得有面儿。

瞧瞧唐高祖李渊，7 岁就继承了唐国公的爵位，可李渊想入朝为官，先要给隋文帝杨坚做几年千牛备身，服役结束，隋文帝满意，才将李渊外放为刺史。

在五府三卫、千牛卫服役，确实是您的荣誉，可荣誉毕竟不能当饭吃。更何况，朝廷对服役的时间也有限制，比如千牛备身就要求服役五年。您 19 岁服役，24 岁出山，已经算是大龄男青年了。而且虽然您走的是武官路线，可唐朝的统治者都喜欢有文化的官员。政府规定，您也得学习文化知识，先接受兵部的考试，只有考试合格的人才有资格参加下一环节的选拔。

简单点说，您在军中服役过，代表您有资格参加选官，可吏部给您安排什么职务，什么时候安排，完全是个未知数（要和散官、科举士子一起铨选）。

更何况，五府三卫的编制有四千多人，究竟谁能做官，还得继续拼爹。因此，到了中唐时期，只要家里有点儿权势，都不会让子孙通过这个途径入仕。

说来说去，最靠谱的还是读官学。

想想看，您靠着老爹的门荫，已经获得散官的头衔，可以直接报考国子学、太学、四门学、崇文馆、弘文馆，混个几年，拿到文凭，然后参加礼部的考试。对于门荫子弟，礼部的要求很简单：五官端正，写字好看，背过几本经书，脑子清晰，说话有条有理。您就等着吏部给您安排职事官吧。

说来说去，大致流程都是先靠门荫获得散官封赏，再读大学，或者服役，考试合格后参加吏部选官，这都属于间接入仕的途径。那么问题来了，有没有更加简单的模式，比如依靠门荫，直接做朝廷的职事官？

答案是肯定的，古代是人治社会，既然皇帝说了算，万般皆有可能。

比如，您的老爹有爵位，您是家里的嫡长子，可以继承老爹的爵位，然后直接做官。就拿贞观名相房玄龄来说，他去世之后，嫡长子房遗直继承了梁国公的爵位。永徽年间，唐高宗李治下诏，封他做了礼部尚书、汴州刺史。开元年间，宰相张嘉贞的孙子，张延赏的儿子张弘靖，直接以门荫做了河南府参军。

当然了，房遗直是功臣的后代，又是李治的姐夫，能有如此高的仕途起步是非常罕见的。大多数孩子只能和张弘靖一样，从低级官员做起。

第四章 在唐朝去各级官衙轮值是一种什么体验？

衙门的行政体系

混迹在大唐盛世，不管您是买房子、置田产，还是吃零食、下馆子、上街找乐子，都需要花钱。这种时候，您肯定会发出灵魂拷问：在唐朝，什么职业最赚钱?

我可以负责任地告诉您，在唐朝，做国家公职人员既体面，又赚钱。如果您想体验一下公职人员，进入职场前，就需要好好了解一下行政编制体系。

在唐朝，官员大致分为四种：职事官、散官、勋官、封爵。

职事官，就是有实际权力，执掌实际政务的官员。比如中书令、兵部侍郎、户部员外郎等京官；华州刺史、黄冈县令、襄阳县尉等地方官。

关于职事官，我们后面慢慢详聊。

散官，就是有官名但没有实际事务的官员，分为文职散官、武职散官。其中，文职散官分为 29 阶：

文职散官	品级
开府仪同三司	从一品
特进	正二品
光禄大夫	从二品
金紫光禄大夫	正三品
银青光禄大夫	从三品
正议大夫	正四品上
通议大夫	正四品下
太中大夫	从四品上
中大夫	从四品下
中散大夫	正五品上
朝议大夫	正五品下
朝请大夫	从五品上
朝散大夫	从五品下
朝议郎	正六品上
承议郎	正六品下
奉议郎	从六品上
通直郎	从六品下
朝请郎	正七品上
宣德郎	正七品下
朝散郎	从七品上

续表

文职散官	品级
宣义郎	从七品下
给事郎	正八品上
征事郎	正八品下
承奉郎	从八品上
承务郎	从八品下
儒林郎	正九品上
登仕郎	正九品下
文林郎	从九品上
将仕郎	从九品下

在唐朝，职事官和散官是充分不必要的关系。意思就是，如果您是职事官，那您肯定有散官的官阶。如果您有散官的官阶，却不一定是职事官。

请记住，职事官代表您的职务，散官代表您的资历。

假如您在公元 640 年，刚好在一场科举考试中意外获得了进士身份，朝廷要给您授予官职。按照规矩，您刚刚参加工作，资历为零，吏部给您赏了个将仕郎（从九品下）的散官称号。他们告诉您，这是您的初级待遇，以后好好工作，争取早日成为国家栋梁。

吏部官员没想到，一场意外，让您邂逅了李世民，有了一番真诚的交谈，李世民发现您是个学富五车、足智多谋的人才。

李世民大手一挥，你去做蓬莱县令吧。

在唐朝，蓬莱县属于下县，县令的官职级别是从七品上。于是，您同时拥有了两个级别：一个是从七品上的职事官，一个是从九品下的散官。

初来乍到，您可能会有很多疑问，需要向吏部官员一一请教。

您：职事官和散官是什么关系呀？

吏部官员：您虽然有两个品级，可散官才是您的本品。

您：本品是什么意思？

吏部官员：您穿的衣服，出行的配置，全部按散官级别来定。比如，您的本品是从九品下，那就应该穿青色的官服。

您：那散官有俸禄吗？

吏部官员：按规矩，三品以上的散官才有俸禄。六品以下的散官不仅没有俸禄，没有官服，而且还要到吏部、兵部轮番服役……

您：轮番服役……这是啥意思？

吏部官员：就是做胥吏的小帮手，高端说法叫见习，低端说法叫打杂。

您：这……那我这个官做得还有什么意思？

吏部官员：您先别急，如果您只有散官品级，需要先服役，再获得职事官的头衔。不过，您已经是县令，就不需要走这个流程了。

您：吓死我了，那你说低阶散官没有俸禄，我只工作，不吃饭？

吏部官员：那不能，朝廷不能让您饿肚子呀。如果您有职事官和散官两个级别，您的俸禄按照职事官的级别发放。

您：我是个有追求的人，如果想晋升，怎么办？

吏部官员：按道理，您有两种晋升的办法。第一种，您是国家栋梁，才华横溢，但是职事官和散官的级别差距太大，皇帝可以特别开恩。

比如，唐代宗李豫时期，宰相常衮是门下侍郎，同中书门下平章事，官居正三品，可他的散官级别是朝议郎，正六品上。按照制度，常衮只能穿深绿色的衣服上朝，而三品高官应该穿紫色朝服，佩戴金玉带。意思是，常衮的穿戴不符合他宰相的身份。于是，皇帝李豫给他连升九级，加银青光禄大夫（从三品）。

除非皇帝特别赏识您，愿意为您破例，才会出现越级提拔。否则，按正常流程，职事官的升迁看皇帝偏好，所以速度快，而散官升迁看资历，比较慢。因此，大部分宰相都是正三品，却穿着绯色（四品、五品）、绿色（六品、七品）的衣服。

对话继续。

您：第二种情况呢？

吏部官员：很简单，您刷资历，吏部按制度考核。

您：怎么刷？

吏部官员：六品及以下的职事官，每四年有一次升迁机会。四年之中，吏部每年都会进行考核，如果您连续四年都获得中中的评价，可以晋升一级，有一个中上，再加升一级，有一个上下，再加升两级，依次类推。

在古代，吏部对官员的考核分为九种评语：上上、上中、上下、中上、中中、中下、下上、下中、下下，其实就是对官员的绩效评价。

假设，公元640年1月，您做了蓬莱县令。641—644年，在吏部考核中，您先后获得了中上、上下、中中、中中的评价。644年，吏部算您晋升的级别，应该是4级。645年，您的散官头衔就可以飙升到承务郎，从八品下。

要知道，能够连续获得吏部好评的官员，可谓凤毛麟角。因此，大部分官员都只能按部就班，随着年龄的增长，慢慢地往上晋升。如果您真的是人才，而且有很好的机遇，可以飙升到五品散官，吏部就无法考核您了。是否晋升，晋升多少级别，完全由皇帝裁定。那个时候，就得注意和皇帝搞好关系。

在大唐王朝，还有一群特殊的人：只做散官，不做职事官。

如果您碰到这种人，与他们打交道时心里要有轻重。毕竟，他们基本是开国功臣、王公贵族的子弟，因为家族政治地位才获得散官封赏，轻易惹不起。

唐朝规定，拥有开府仪同三司、特进头衔的大佬，朝廷必须给俸禄，每逢上朝，他们都要列席会议。只不过站班的时候，他们要站在同品职事官的后面。光禄大夫以下，朝散大夫以上的散官，可以身穿朝服，但是无俸禄，不上朝。

唐朝的武职散官，也有29阶，这里就不再赘述了。

如果您是战斗人员，那就只能走辛苦、曲折的勋官路线。

在大唐，勋官分 12 阶：

勋官	品级
上柱国	正二品
柱国	从二品
上护军	正三品
护军	从三品
上轻车都尉	正四品
轻车都尉	从四品
上骑都尉	正五品
骑都尉	从五品
骁骑尉	正六品
飞骑尉	从六品
云骑尉	正七品
武骑尉	从七品

勋官的授予，只能靠打仗，赚军功。它更像是一种勋章的奖励。

比如，在一场外族侵略战争中，您卖力苦战，坚守城池，最终击败敌军。又如，您用五百人的骑兵，打败了三千人的敌方兵团，或您效仿诸葛亮，空城抚琴退仲达，朝廷都会用小本本记好，然后给您奖励勋官。

您可能会很好奇，勋官究竟是什么角色，待遇究竟如何。

勋官只是朝廷对您军功的一种认可。如果您不是职事官，是不能享受朝廷俸禄的，至于上朝面圣，那和您没有任何关系。不过，您可以享受两大待遇：获得很多永业田，而且不用给朝廷交租子、丝帛等物品。

如果您想做职事官，请记住以下的路线：上柱国到骑都尉，先到兵部报到，做四年的卫士兵，骁骑尉到武骑尉，做五年的卫士兵。时间一到，参加兵部的选拔考试。如果考试合格，就可以获得散官的头衔，然后参加职事官的选拔考试。如果落选，那您就得重新做四年或者五年的卫士兵，从头再来。如果您的应试能力很差，就别蹚这个浑水，给自己添堵了。

除了勋官，人们梦寐以求的封爵含金量也很高。

爵位	品级	食邑
亲王	正一品	食邑一万户
郡王、嗣王	从一品	食邑五千户
国公	从一品	食邑三千户
开国郡公	正二品	食邑二千户
开国县公	从二品	食邑一千五百户
开国县侯	从三品	食邑一千户
开国县伯	正四品	食邑七百户
开国县子	正五品	食邑五百户
开国县男	从五品	食邑三百户

一般而言，亲王爵位只会授予皇子。

武德年间，李世民的秦王、李元吉的齐王都是亲王级别。要说例外，也是有的。唐朝开国初年，西凉的李轨、江南的杜伏威投靠李渊，李渊就封他们做了亲王。安史之乱，史思明兵败投降，也被朝廷封为归义王。

郡王爵位，基本上是授予皇太子的儿子。

嗣王爵位，基本都是授予亲王的嫡长子，也就是继承王位的那位儿子。

在汉朝、明朝，皇帝们被藩王之乱祸害得不浅，他们对王爷，尤其是异姓王非常忌惮，为了杜绝祸患，他们很少册封异姓王。不过，唐朝的皇帝很有个性，在他们的眼里，郡王只是一个头衔，哪里有需要，封赏就出现在哪里。

有唐一朝，异姓郡王犹如过江之鲫。你是有功大臣，可以晋升郡王，比如神龙政变的功臣张柬之、桓彦范等；你是投诚的叛将，可以晋升郡王，比如安史之乱后投诚的田承嗣；就算你是宦官，也可以晋升为郡王，比如李辅国；皇帝喜欢你，也可以封你为郡王，比如安禄山。

混迹在大唐，如果你有属于自己的爵位，那你就是名副其实的贵族。不过，您别高兴得太早，贵族有江湖地位，可享受什么待遇，那要看您的缘分。

比如，国公爷的封户待遇是三千户，可那是礼仪标准，显示皇家的面子。至于您拥有多少户，要看皇帝册封的诏书里，写着“食实邑 × 户”。说白了，如果皇帝把封户都给你，那是断他自己的财路，叫缺心眼儿，他会干这事吗？

正常来说，您的封户待遇一定会被打折，甚至一个也捞不到。

您可能会说，这算什么，有权还怕没钱？我的爵位是可以世袭的。

唐朝规定，爵位确实可以世袭，不过有个限制条件：父亲去世，儿子继承，但是爵位要下调一级（看实际执行）。如果您是国公爷，儿子继承的可能只是郡公。如果您的生育能力有问题，没有子嗣，那朝廷就会收回您的爵位。在电视剧里，贵族为啥喜欢纳妾生子，就因为他们需要儿子来继承自家的爵位和产业。

宰相：要办事也得走流程

大家可能看出来了，做大唐的职事官，才是最有前途的。

每天早晨，皇帝都会举办早朝，参加早朝的官员叫“常参官”。

第一类是朝廷五品以上的高级文官，不分部门，全部参加。

第二类是中书省和门下省的供奉官，包括门下侍中、中书令、黄门侍郎、左右散骑常侍、中书侍郎、谏议大夫、给事中、中书舍人、起居郎、起居舍人、通事舍人、补阙、拾遗。这帮人都是皇帝的参谋、御用文人，必须参会。

第三类是监察御史。他们官居正八品，只能算低级官僚，却肩负监督百官、巡视郡县、纠察朝仪的高级职责，必须上朝监督。

比如有一天早朝，兵部侍郎嘴角还残留着早餐的胡饼渣渣，监察御史就要弹劾他不遵守礼仪，丢了文官的脸。又或者，礼部郎中夜宿妓院，监察御史可以选择睁一只眼闭一只眼（因为监察御史可能也是这种人），但是礼部侍郎站班时衣冠不整，精神萎靡，监察御史就有权力弹劾他。

第四类：尚书省二十四司的员外郎。他们官居六品，级别不够，但他们是尚书省的骨干成员，列席听会，对工作很有帮助。

第五类：太常博士。官居正七品，掌管祭祀的事务，列席听会。

早朝结束后，百官退出，能留下来和皇帝商议政事的，是宰相。

中书省

一把手为中书令，编制两人，官居正三品（唐代宗年间升级为正二品）。

中书令是大唐第一笔杆子，朝廷册封太子、皇后、王爷的册书，出台政策、大赦天下的制书，任免官职、废置州县的敕书……只要是需要起草的政府文件，全部由中书令牵头负责。

中书令的副手叫中书侍郎，编制两人，官居正四品（唐代宗年间升级为正三品）。由于中书令是宰相，需要经常和皇帝、其他宰相一起议政，统筹全国的工作，这样一来，中书侍郎其实就变成中书省的实际负责人。

中书舍人是中书省的核心骨干，编制六人，官居正五品。

在任何朝代，部门领导都不会亲自动笔，做起草文件这种杂事，只能交给中书舍人来做。能接触机密信息，能近距离接触皇权，那就是实权岗位。

在中书省内部，资历最老的中书舍人被称为“阁老”，主持常务工作。还有一位加封“知制诰”，每逢宰相议事，这位老兄都要列席听会，做好会议记录，方便起草文件。其余的四位，一般都加封“兼知制诰”。

在您的职业生涯中，难免会起草一些您看不惯，觉得有问题的诏书。如果遇到这种情况，请记住，不管对方是皇帝还是宰相，拿起您的毛笔，有理有据地怼回去。想当年，官员独孤郎、李景俭因为醉酒，得罪了宰相而被贬，白居易觉得不合理，直接驳回了领导的要求，还上奏反驳了这项规定。

如果您反驳的话很有道理，又碰到皇帝心情很好，说不定就能飞黄腾达。

在唐朝，中书舍人是文人士子最青睐的岗位，只要您做了中书舍人，多熬上几年，或者碰到点儿机遇，就能荣升为宰相，实现位极人臣的终极理想。

门下省

一把手为侍中，编制两人，官居正三品（唐代宗年间升级为正二品）；副手为门下侍郎，编制两人，官居正四品（唐代宗年间升级为正三品）；核心骨干为给事中，编制四人，官居正五品。

门下省的职责很简单，就是审核、驳回、再审核。

中书省不是很牛吗？好的，你起草的诏书，门下省觉得有失偏颇，就给你直接打回，让你重新起草。中书令觉得没问题？好的，门下侍中也觉得没问题，可是侍中昨晚和老婆吵架了，心情不好，就是想驳回，你能怎么样？

如果实行电子化的流程审批，侍中就是审批链上的最强王者。

对于中书省的诏书，如果侍中觉得没问题，就会留下原件存档，再命人重新誊写一份，侍中批注“制可”二字，盖上骑缝章，随后交给尚书省执行。

在门下省，还有两类特殊的官职：供奉官、符宝郎。

比如谏议大夫、拾遗、补阙，他们属于清流供奉官，魏徵、褚遂良、王珪等大批宰相、名臣都曾经担任过供奉官。这帮兄弟经常在皇帝身边侍奉，皇帝说了脏话，饮酒过度，纵欲过度，他们都可以进谏警告。如果哪天皇帝突然想做明君，而您的话又说到了他的心坎里，赏赐就会滚滚而来，李世民就是这种皇帝。

符宝郎，掌管传国玉玺以及天子的其他印章。在电视剧里，传国玉玺都是放在皇帝的龙案上。试问，如果某位宦官心术不正，偷偷把玉玺藏起来，或者偷偷带出宫，那该怎么办？真相就是，玉玺由符宝郎掌管。皇帝上朝的时候，符宝郎端着玉玺上殿，等待皇帝使用；皇帝出行的时候，符宝郎端着玉玺跟在后面。需要用的时候，符宝郎把玉玺拿出来；不需要的时候，符宝郎就把玉玺藏起来。

尚书省

一把手为尚书令，编制一人，官居正二品。

在职事官里面，尚书令算是级别最高的一位。

可能有人想问，究竟高到何种程度呢？

隋唐两朝，尚书令是全国最高行政长官，也是行政体系里级别最高的官员。在隋朝，只有宰相杨素做过尚书令，再无旁人。在唐朝，李世民做过尚书令，而且是执掌实权。662 年，唐高宗李治觉得尚书令是老爹李世民的专利，因此废弃了这个职务，以示对李世民的尊重。唐代宗时期，太子李适做过尚书令，可是没有执掌政务，只是荣誉官职。终唐一朝，再无人敢问鼎这个职务。

尚书令副手：尚书左、右仆射，编制两人，官居从二品。

在当时，朝廷没有尚书令，尚书左、右仆射就是最高的行政长官。

官大好吗？短期来看确实好，但是长期来看，未必就是好事。想想看，尚书左、右仆射是从二品，门下侍中、中书令是正三品。大家都是三省长官、大唐宰相，凭什么级别不一样？坐在一起论事，不觉得别扭吗？

要知道，祖辈设计三省六部制，目的就是让皇帝独揽大权，让宰相互相制衡。尚书左、右仆射的级别这么高，权力这么大，显然有点过分啊。

贞观年间，大臣们含沙射影说尚书左、右仆射的地位太过显赫，其实就是吃醋。李世民听完觉得有道理，于是一纸诏书，从此以后尚书左、右仆射只负责重大国事，尚书省的日常政务则交给尚书左、右丞（正四品）打理。简单地说，夺权了。

唐朝初年，尚书左仆射、尚书右仆射、中书令（2 人）、侍中（2 人）就是名副其实的宰相。可是到了后来，宰相就开启了眼花缭乱的“变体模式”。

变体一：同中书门下三品

发明者：唐太宗李世民。

李世民是中央集权的狂热粉丝，削弱相权是他终生奋斗的目标。更何况，在李世民眼里，宰相是皇帝的高级幕僚，他们的职责就是贡献智慧、建言献策。既然如此，朝廷只有六位宰相，是不是太少了？啥也甭说了，加人吧，人多力量大！

于是乎，“参议朝班”“参知机务”“参知政事”“专典机密”的专业词汇滚滚而来。只要您拥有其中一个，就可以和宰相一起指点江山。听起来很风光，可现实就是，如果您是门下侍郎，就算“参知政事”，您还是正四品。

想要升官，您还得继续熬着。

643 年，晋王李治被册封为太子，李世民特地请太子太保萧瑀、太子詹事李勣辅佐。太子太保是从一品，太子詹事是正三品，级别很高，却都是虚职，李世民觉得过意不去，于是给他们加了个“同中书门下三品”的头衔。

从此时开始，拥有这个头衔，您才算真正的实权宰相。

在后世，中书省、门下省的名字经常变动，因而出现了“同东西台三品”“同凤阁鸾台三品”“同紫微黄门三品”的头衔，但性质都一样。

变体二：同中书门下平章事

发明者：唐高宗李治。

平章事，也叫平章政事，贞观年间就已经出现了这种说法，意思是商议国家大事。682年，唐高宗李治正式将它敲定为宰相的专用头衔。

如果您看唐朝的电视剧，官方诏书中经常会出现这两个头衔。宣诏的人一读出来，您可能就直接晕了。

别着急，听我给您解释。

区别一：使用时间不同

643—681年，唐朝只有同中书门下三品。

682—757年，同中书门下三品、同中书门下平章事共存。

758年以后，唐朝只有同中书门下平章事。

区别二：授予对象不一样

同中书门下三品、同中书门下平章事只是一个头衔，不是职事官，因此没有级别，如果要看官员级别，那就要看他们的职事官或者散官的级别。

682—757年间，朝廷任命了83位同中书门下三品。

其中，三品及三品以上的官员占比83%，尚书左、右仆射11人，六部尚书30人，侍中3人，中书令1人，其他若干。

682—757年间，朝廷任命了103位同中书门下平章事。

其中，三品以下的官员占比80%，中书侍郎、门下侍郎52人，六部尚书12人，尚书左、右仆射2人，其他若干。

也就是说，以同中书门下三品拜相的，基本都是三品以上的高官。

就算您是侍中、中书令，也只有拥有同中书门下三品的头衔，才算真正的宰相。

那好，假如甲是中书令，却没有议政的资格，说明了什么问题？

可能是皇帝不喜欢中书令甲，而喜欢中书侍郎乙，也可能是皇帝想架空中书令，让中书令成为一种荣誉官职（真相）。

同理，以同中书门下平章事拜相的，基本都是三品以下的官员。中书侍郎、门下侍郎等实权部门的副手，几乎成为绝对主力军。658年以后，更有甚者，如尚书省六部侍郎也开始跻身到宰相的序列。

那么，唐朝的皇帝为何要搞两种头衔呢？

诚意地回答您，他们的癖好肯定是一致的，否则同中书门下三品就不会消失了。梳理时间脉络，您就可以发现，两种头衔并存，其实是一种过渡模式。

大唐是中央集权的国家，在维护皇权的路上，门阀贵族、特权阶层就是绊脚石。在这个国策上，唐朝帝王的基因是一脉相承的。为了遏制这些绊脚石，唐朝进一步完善了科举制度，给寒门学子晋升通道，提拔重用中级官员。其中，唐高宗李治、武则天两位皇帝最为强势，您瞧瞧时间，是不是刚好能对上？

唐朝后期，中央集权到达鼎盛状态，门阀贵族的特权基本消失，他们要么退居二线，要么通过科举入仕。那个年代，中书令、侍中成为荣誉官职，尚书左、右仆射成为虚职，能做宰相的，只有门下侍郎、中书侍郎、六部侍郎等官员。在这些岗位的官员，确实有门阀子弟，但基本都是寒门学子。

区别三：级别都是正三品，但资历不一样

拥有同中书门下三品头衔的，基本都是一品、二品、三品官员，他们原本就是朝廷贵族，特权阶层。而拥有同中书门下平章事头衔的，基本都是四品、五品官员。不管是资历，还是本品级别，那都是有差距的。

现实一点说，特权阶层的孩子可以直接选官，如果您是同中书门下三品，您家就有两个名额，如果您是同中书门下平章事，您家就只有一个名额。

御史：官不大说话却很有分量

在电视剧里，御史集团就是神秘而霸气的存在，只要御史出场，必定有人遭殃。而且他们独立于三省六部，想处置谁就处置谁，还不用担负责任。

所有御史都隶属于一个组织：御史台。

御史台的老大叫御史大夫，官居从三品，二把手叫御史中丞，编制两个，官居正五品上，这三位是御史台的高级官员。

至于其他御史，则分属于台院、殿院、察院。

台院

侍御史六人，从六品下。

台院有一名院长，由最资深的侍御史担任。排名第二的侍御史负责裁决御史台日常行政事务，号称“台端”或“杂端”。

其余四位侍御史，一人负责弹劾有过失、有罪行的官员，一人负责东都洛阳御史台的工作，一人负责“东推”，也就是监督审核京城各司的疑难案件，一人负责“西推”，也就是监督审核天下各州县的刑狱案件。

上朝的时候，侍御史是要站班的。东班的侍御史，站在门下侍郎和给事中后面，西班的侍御史，站在中书侍郎和中书舍人后面。

日常朝会，侍御史不需要向皇帝汇报工作，但如果哪天巡街，碰到朝廷官员欺男霸女，或者听说某某官员强占民房民田，侍御史就可以暗中收集材料，准备弹劾了。这就是侍御史的日常工作。

719 年，唐玄宗李隆基下诏：三品及三品以上官员开会，侍御史可以列席旁听，监督中央帝国最高级官员的一言一行。在所有御史中，这是独一份。

殿院

殿中侍御史九人，从七品下。

殿院有一名院长，由最资深的殿中侍御史担任。

殿中侍御史出现频率最高的场合，首先是元旦、冬至等大朝会。

朝臣站班的时候，要按照尊卑等级来站。如果官职相同，则爵位高的人站在前面；官职和爵位都相同，则年龄大的站在前面。有时候，碰到性情散漫、心不在焉的朝臣，可能会站错自己的位置，殿中侍御史就要出面弹劾。

贞观六年，唐临担任殿中侍御史，韦侍阶担任御史大夫。有一天，韦侍阶批评唐临，说朝臣站班很混乱，他这个御史却没有弹劾，有点失职。

领导的交代，唐临记在了心里。第二天，朝臣列班，等待上朝，江夏王李道宗和韦侍阶聊了起来。不知不觉中，两位大佬离开了队伍。

就在此时，唐临走上前，说道："王乱班。"

李道宗很不解："本王只是和御史大夫说了几句话，何至于此啊？"

唐临看着韦侍阶，来了一句："御史大夫，您也乱班了。"

韦侍阶明白他的意思，顿时觉得脸上火辣辣的，偷偷回到了队伍中。

殿中侍御史出现的场合其次是皇帝举行祭祀或出巡时。

每逢这种场合，殿中侍御史就会骑着高头大马，到处晃悠，他们主要看陈设物品是否齐备，摆放顺序是否符合制度。

殿中侍御史最后出现的场合是长安的大街小巷。

在那个年代，每天都有殿中侍御史巡街，他们身穿便服，时刻观察着街上的动静。如果朝廷官员欺负百姓，私下斗殴，或者吃霸王餐，可能就要遭殃了。

察院

监察御史十五人，正八品。

察院有一名院长，由最资深的监察御史担任。

监察御史虽然有弹劾京城官员、整肃朝仪的责任，但绝大部分时间都在巡视全国的各州县。他们最关心六件事：

其一，各地官吏的善恶。

其二，户口是否流散，籍账是否清晰，赋税是否平均。

其三，农桑耕种，府库核查。

其四，盗匪是否欺负百姓，无业游民是否危害社会。

其五，地方豪强的土地兼并，老百姓是否有冤情。

其六，访查山野遗贤，推荐给朝廷。

在唐朝，监察御史就是皇帝的钦差大臣，每逢出使都要有傲人的战绩。要么威慑地方官员，要么宣传中央权威，要么解决民生疾苦问题。

809年，监察御史元稹巡视蜀东地区，发现地方官府擅自征收税赋，压榨百姓，而始作俑者就是已经去世的节度使严砺。元稹二话不说，直接将弹劾的奏表递交给朝廷，最终让蜀东七个州的刺史接受了处罚。

唐朝侍御史韦思谦说过："御史衔命出使，不能动摇山岳，震慑州县，诚旷职耳！"这话的意思是，身为监察御史，不干点惊天动地的大事，那就是不合格的。

平日里，皇帝举办朝会，监察御史必须到场。文武百官分为两班，站在朝堂的东面和西面，其中就包括两名监察御史，一人主管东班，一人主管西班。如果监察御史发现某位官员违反朝廷礼仪，就要出面弹劾。

唐朝初年，监察御史只盯着公共场合，比如朝会、祭祀、典礼等，这些都是看得见的场合，还有许多看不见的角落，比如各部门内部会议。

779年，唐代宗李豫下诏，让监察御史重点监督尚书省六部，只要尚书省七品以上官员组织开会，必须备案到御史台，由监察御史前往会场，现场监督。这样的安排，很像后世部门开会，人力资源部派遣专员旁听。

这种情况下，如果主管官员搞一言堂，或者在讨论不充分的情况下，形成了最终的决议，监察御史就有权上奏弹劾。

御史台是朝廷的最高监察机关，堪比最高人民检察院。御史的职责是发现隐藏在角落里的犯罪，将他们曝光，引起皇帝和有关部门的重视，整肃朝廷风气。

所谓的弹劾，只不过是御史的武器。

弹劾分为两种，一种是当面弹劾，一种是书面弹劾。

如果是弹劾非高级官员，当面弹劾即可。

如果弹劾中书省、门下省五品以上的官员，尚书省和六部四品以上的官员，其他部门三品以上的官员，要用书面弹劾，并送达中书省和门下省。毕竟，四品以上都是中央大员，朝廷支柱，不是所有人都能弹劾的。至少让御史打个报告，把事情的前因后果写清楚，算是对他们的尊重。

书面弹劾流程是，御史准备弹劾的奏疏，先给御史中丞汇报，再向御史大夫汇报，再将奏疏送达中书省和门下省审核，最后才能送到皇帝的办公桌上。

也就是说，在御史的奏疏上，会有御史中丞和御史大夫的署名，中书省和门下省要审查备案。那么问题来了，如果御史弹劾的对象是御史中丞、御史大夫，或者是中书省、门下省的大佬，岂有把奏疏给弹劾对象审查的道理？

唐朝初年，御史大夫基本是耿直的朝臣，皇帝相信御史台的职业操守，没有过多的规定。可是到了唐朝中期，御史大夫和宰相集团开始出现败类。

比如开元时期，御史大夫崔隐甫搞一言堂，限制御史的弹劾自由，如果不合他的意，就将御史贬斥到地方上，这引起了基层御史的强烈反感。

756 年，唐肃宗李亨取消了御史大夫、御史中丞署名的规定。759 年，李亨取消了中书省和门下省审查弹劾奏疏的规定。因此也可以这样理解，一直到肃宗时期，御史集团的战斗力才被皇权彻底释放。

如果有一天，您晋升为监察御史，觉得这个工作很容易得罪朝廷大佬，为了前途考虑，不想随便弹劾同僚，可以吗？答案是不可以。毕竟，弹劾朝臣是御史的天职，朝廷考核您的工作业绩，主要就是看您弹劾了多少不法的官员。

如果官员违法，可满朝御史都没有察觉，没有弹劾，那就是御史台的失职。在御史台内部，有个叫“黄卷”的小本本，专门记录御史的失察记录。

对于严重的工作失职，御史台内部会启动调查，同时征询“知杂御史”的意见，确定是不是要处罚主责的御史。比如，开元年间，崔隐甫担任御史大夫，将御史失责的罚金定为三千文。而在此之前，罚金曾经高达一万文。

在现代公司上班，迟到或者旷工，可以扣工资，但对整体收入没什么大的影响。可对御史而言，一次扣罚，可能就会让他陷入债务危机。有扣除工资这个威胁摆在这里，御史台整天就像打了鸡血一样。

除此之外，经常弹劾大臣，皇帝自然会熟悉你，如果弹劾成功，工作业绩就有了保障，还有机会升官。

在唐朝，御史的级别普遍在八品到六品之间，在中央朝廷，属于底层官员。如果得罪了某位大官，御史很容易遭到报复。不过也不用担心，我们能想到的问题，朝廷也考虑到了。为了维护御史台的利益，朝廷设置了几条保护性的游戏规则。

第一条，御史的任命、罢免有两种。一种是皇帝觉得你能干，直接任免；另一种是御史台、吏部和宰相议定，由皇帝亲自裁决。武则天时期，吏部对于御史的任免已经没有发言权。因此，不管哪种方式，如果有人想罢免御史，哪怕只是八品监察御史，也要由皇帝亲自审批。

御史的官职调动，独立于官府行政体系，这是何等的恐怖。在这种制度下，如果皇帝力挺监察御史，就连宰相也是没办法的。

对照而言，其他部门六品及六品以下的官员，全部由吏部决定。只要顶头上司不喜欢您，给吏部打个招呼，您可能就要卷铺盖走人。

第二条，御史台内部有互相监督的关系，却没有严格的上下级关系。

按照规则，监察御史的奏折可以直达皇帝的办公室，只要弹劾对了人，让皇帝很满意，自然有大把的升官机会。监察御史不需要考虑御史大夫的情绪，不需要觍着脸求御史大夫，办事自然少了几分顾虑。

同时，监察御史还能弹劾自己的领导。

武则天时期，酷吏来俊臣担任御史大夫，监察御史纪履忠上奏弹劾，声称来俊臣犯了专擅国权、谋害良善等五条罪名，着实让来俊臣喝了一壶。

由此我们可以看出，御史可以弹劾大臣，还受到制度的保护，还有出人头地的机会，简直就是完美理想的工作。不过，您如果要上岗做御史，必须要经过严格的资格审查。毕竟，每天怼朝臣，如果自己没点本事，那怎么行呢？

在唐朝，御史上岗需要符合三个条件。

其一，要有州县官职的经历。

毕竟，州县官员有基层工作经验，说话办事比较接地气，至少和中央官员相比，他们更适合做御史。除此之外，御史的级别普遍偏低，提拔中央官员做御史，基本是平调或者降级，如果提拔地方官员，容易让他们产生晋升的感觉。

其二，具备不畏强权的魄力。

其三，自己的作风没有问题。

比如，唐高宗李治要求官员举荐御史候选人，有人推举了万年县尉杨子。县尉就是古代的公安局局长，混迹于市井，不拘小节。

许多朝臣都觉得杨子可以胜任工作。临近提拔的时候，李治却对群臣说了这样一段话：朕听说过此人，经常穿着亵服（居家的衣服）在公堂办公，这种人可以作为百官的表率吗？

李治的一句话，就封死了杨子的晋升之路。李治的做法完全是正确的，毕竟杨子自己不注重礼仪，确实没资格再去弹劾别人。

御史还要监督全国的刑狱案件，以及司法部门的工作。

比如，大理寺是最高审判机关，堪比最高人民法院。有时候，皇帝觉得大理寺的判决有问题，或者案件牵涉到方方面面，就会要求御史台也参与审判。

每逢此时，御史就要调查案件的前因后果，还要学会审讯罪犯。因此，不具备刑狱工作能力的御史，绝不是顶级的御史。

在唐朝监察体系中，侍御史、殿中侍御史、监察御史等人都有弹劾朝廷官员的资格。其中，侍御史可以列席宰相会议，监督中书省、门下省三品以上的高官；监察御史重点盯着尚书六部的官员，列席七品以上官员参加的会议。

至于地方政府、中央的其他机构，包括民政、人事、财政、军事、户籍、礼仪、祭祀等工作，都在御史台的监察范围内。

客观地说，唐朝的御史监察制度已经很完善了。问题是，再好的制度也要有健康的运转环境。在古代，皇帝恰好就是决定政治生态是否健康的灵魂人物。可谁能想到，真正开始破坏朝廷监察制度的，就是盛世的几位皇帝。

第一名：唐高宗李治。

高宗时期，有个出身寒门的大臣叫李义府，也是武则天的亲信。这位老兄生性风流，他听说洛州监牢有个叫淳于氏的绝色美女，便想据为己有。

问题是，淳于氏身处牢狱，李义府有心纳妾，可是鞭长莫及。思来想去，李义府找到大理寺丞毕正义，希望他编个理由，将淳于氏无罪释放。没想到，这件事被人捅了出去。为求自保，李义府最终逼迫毕正义自杀。

这件事是事实，无可争辩。在一次朝会上，侍御史王义方当面弹劾，并呵斥李义府，让他退出殿外，等待皇帝的最终处置。谁料想，李治根本不想治李义府的罪，反而指控王义方呵斥李义府是侮辱大臣，最终将他贬官。

从政治大局考虑，李治的决策是正确的。因为，李治和武则天要联手对付国舅长孙无忌，而李义府是打击长孙无忌最给力的马前卒。为了获得李义府的绝对忠诚，李治做出了丢车保帅的决定。

问题在于，李治确实破坏了朝廷的监察制度，而且是赤裸裸地破坏，赤裸裸地伤害御史集团的感情。这口锅，李治是绝对甩不掉的。

第二名：武则天。

武则天时期，政治环境非常恶劣。为了稳固自己的统治，武则天启用了许多酷吏，而这些人大多都兼任御史台的职位，比如来俊臣就是御史大夫。还有侯思止、王弘义，都是靠诬告大臣才晋升为朝廷御史的。

第三名：唐玄宗李隆基。

唐朝前期，军队的监军基本由御史担任，宦官是没有存在感的。到了玄宗时期，宦官成为各大军队的常驻监军（开元二十年后，并以中宦为之）。

在李隆基的默许下，宦官开始走向了政治舞台。禁卫军被他们控制，地方军队受他们影响，朝廷官员相继被收买。总而言之，只要是宦官染指的地方，御史台根本没有说话的余地。这样的局面，一直持续到唐朝灭国。

803年，监察御史崔薳到神策右军巡视，却被宦官举报到唐德宗的面前，最终吃了四十杖刑，还被发配到崖州。

再如，监察御史元稹控告河南府尹房式为非作歹，擅自将他停职，唐宪宗李纯非常不满，对元稹罚俸一个月，诏令他返回长安。谁料想，元稹走到半道，遇到了房式的靠山刘士元（宦官），最终被宦官群殴一顿，还被贬为江陵士曹参军。

做御史，最难的是遇到明君，最开心的也是遇到明君。

大理寺：全国最高司法审判机关

大理寺是古代级别最高的审判机关。

前一段时间，您刚通过科举考试，吏部将您分配到大理寺，职务头衔是大理寺录事。开始吃公家饭，您心情很舒适。

不过，您很快就高兴不起来了，因为您不知道大理寺的内部编制，领导都有哪些，运作规则是什么，更不知道自己要干什么。

没关系，我们先从一把手开始介绍。

最高领导是大理寺卿，官居从三品。做到这个级别，基本不用再干活了，下级官员审理完案卷，大理寺卿审核签字，按照流程执行就可以。

其他时间，大理寺卿主要关注长安的刑狱工作动态。比如，吏部尚书长孙无忌觐见皇帝的时候，忘记取下自己的佩刀，失了礼仪。皇帝震怒，判处监门校尉死刑（是他的失职），大理寺卿觉得校尉有点冤屈，负责上表进谏，为他求情。

至于管理方面的工作，大理寺卿愿意就管，不愿意的话，可以交给他的两位副手：大理寺少卿。少卿的级别是从四品上，日常工作就是处理老大不想处理的事务。

真正的核心骨干，是官居从五品下的大理寺正，以及从六品上的大理寺丞。在大理寺内部，他们是主要审判官员，级别堪比高级法官和法官。

有时候，大理寺卿和少卿跟随皇帝出差，大理寺正就要承担起大理寺的管理工作。这个岗位，既是业务骨干，又是储备管理干部，很吃香。

大理寺主管中央刑狱工作，州府主管地方刑狱工作。有时候，为了鞭策地方的刑狱工作，大理寺会派遣官员到全国各处巡视。出差频率最高的，就是大理寺司直（从六品上）和大理寺评事（从八品下）。

论官职，他们的级别确实不高，可毕竟是中央干部，又是刑狱的主管方。到了地方，就算是藩镇节度使也要给他们几分薄面。

一般而言，司直和评事不会担任法官，可要是遇到难处理的案件，或者觉得审判官做出了不公的审判，他们是可以发表见解，甚至影响判决的。

822 年，庶民姚文秀打死妻子王氏，大理寺经过审理，判定王氏是与姚文秀相殴致死，不是姚文秀故意杀人。司直崔元式就提出了异议：按照律法，相争为斗，相击为殴，交斗致死，始名斗杀。王氏被打致死，而姚氏身上没有伤痕，所以不是相殴。而且，王氏已经死亡，相争就更谈不上。因此，这就是故意杀人罪。

在大理寺做官，谁的法理知识厉害，谁的话语就有分量。

说完以上官职，是不是就该到您了？

别着急，大理寺录事上面，还有一位叫大理寺主簿，官居从七品上。这位老兄是大理寺的综合秘书。比如，大理寺会有许多卷宗，主簿需要阅读内容，用简短的文字把事件概括出来，送给领导审阅。如果发现案卷有疑问，或者审理时间超过规定时长，主簿也要及时提醒主审官员。

至于大理寺录事（从九品上），主要工作就是接收有关部门移交的案卷，及时登记。比如，某日大理寺接收一起刑部移交的案卷，大理寺审判时限为25天，录事就要提醒主簿，及时安排主审官介入处理。

大理寺是个技术部门，只要自己有能力，多刷存在感，升官的机会还是很多的。比如，大名鼎鼎的狄仁杰就在大理寺丞的岗位上一战成名，最终飞黄腾达，做到了宰相的高位。只要肯付出，咸鱼翻身是迟早的事儿。

数一数大理寺的编制，主审法官也就十多个人，面对全国纷繁浩杂的刑狱案件，自然要有取舍。一般而言，大理寺直接审理的案件有几类：

第一类：中央官员的徒刑、流刑和死刑案件。

以吏部为例，如果吏部郎中犯了法，按照律法要鞭笞四十，或者杖刑二十，吏部尚书可以直接在吏部的衙门执行，不必送到大理寺。

也就是说，每个衙门都有执法权，但执法的范围仅限于自己衙门，仅限于笞刑和杖刑。如果上升到了徒刑、流刑和死刑案件，必须由大理寺介入。

第二类：左、右金吾卫转交的京城普通刑事案件。

如果是笞刑、杖刑等刑罚，大理寺可以直接判决执行；如果是徒刑、流刑或死刑，需要上报到刑部。如果刑部审核无误，会让大理寺执行，如果有问题，会让大理寺重新审理。当然，只要是死刑，都要上报给皇帝，让皇帝亲自审核。

第三类：地方的死刑案件，刑部觉得有问题，也会移交给大理寺审理。

在电视剧里，审案官员通常只有一个。

那么问题来了，如果主审官心术不正，收了被告的钱财，利用法律漏洞包庇罪犯怎么办？再如，如果主审官的专业不是律法和刑讯，而是半路出家，没有能力做出最准确的判决，又该怎么办？

律法的公正是需要维护的，唐朝统治者想的办法就是集议和连署制度。

按照规矩，主审官只有一个——大理寺丞或者大理寺正。但是，其他寺丞、寺正，或者司直、评事可以参加案情讨论，判断主审官的判决是否公正。任何一个主审官，包括大理寺卿，都没有理由阻止集议的程序。

如果审判结果没问题，大家集体签名同意，这就是“连署”。如果案情有疑问，大家的观点都不一样，而且无法达成一致，那好，照样签署名字，但是要写下自己的判断，然后将案卷移交给刑部集议，让上级领导来做决定。

说到这里，大家可能看出来了，这实际上是司法领域的合议庭制度。

当然了，判案这种事情，虽然有律法条文可以参考，可法律毕竟不可能覆盖所有的犯罪情况。比如，五个专家参加集议，可能就有五种不同的判罚尺度，这不是给刑部的领导找事吗？为了降低工作难度，朝廷规定，最多只能有三种不同的意见，这就把难题重新抛给了大理寺。

如果在大理寺待久了，可能会遇到这样一种情况：主审官和律法专家集体判断失误。请注意，是在没有任何徇私的情况下，误判了被告的罪行。比如，张三要坐两年牢，却被判为流刑。或者明明无罪，却被判为有罪。

如果出现这种情况，大理寺就要集体受罚了。

第一责任人：主审官，比如大理寺正。

第二责任人：大理寺正的上级领导，大理寺少卿。

第三责任人：大理寺卿，以及大理寺正的下级（如果有下级）。

第四责任人：主簿、录事，因为他们肩负审核案卷的责任。只要大理寺出现误判，主簿和录事是绝对要受罚的。

另外，身为大理寺官员，不能对死刑制度和三司会审制度一无所知。接下来，我们就来说说这两种制度。

死刑制度：复查复查再复查

死刑，这个话题很大，而且很压抑。

在古装电视剧中，常见的有斩首、凌迟、腰斩、车裂。不常见的，有枭首、烹刑、绞刑、定杀（用水淹死）、坑杀、脯刑等。

到了唐朝，死刑只有两种：斩刑和绞刑。

清朝末年的法学家沈家本统计，唐律中适用死刑的条款有232条，其中斩刑89条，绞刑143条。意思就是，只要行为触犯了法律条文，司法部门就可以判处死刑。当然，如果谁的行为让皇帝不爽，即便罪行没达到死刑标准，皇帝也是可以判处死刑的。毕竟，在古代社会，皇权是凌驾于律法之上的。

比如兵部侍郎张三卷入皇子夺位斗争中，某皇子被判为谋逆罪，赐自缢而死，张三被株连，被大理寺定为斩刑，刑部和皇帝批复，正常执行。

死刑的时间

古代杀人需要奉行天道，立春到秋分是万物生长的季节，杀人就是逆天而行，朝廷禁止杀人，刑部和大理寺也不能向皇帝奏报死刑。秋分以后，万物开始萧条，大自然成一片肃杀之象，处决犯人确实更应景。当然，如果是十恶不赦的重罪，比如奴婢、部曲杀害自己的主人，可以随时行刑，不受律法约束。

《唐律疏议·断狱》还有“断屠月”和“禁杀日”的说法。

每年的一月、五月和九月是佛教长斋月，以修福报为主，世俗禁止杀生。每月的一、八、十四、十五、十八、二十三、二十四、二十八、二十九、三十等日子是朝廷规定的“十直日”，禁止死刑、屠宰、钓鱼。

换算过来，立春一般在十二月或一月，秋分一般在八月或九月。也就是说，唐代能执行死刑的，也就农历十月和十一月，而且就那么几天。

死刑现场

如果官职或爵位在五品以上，执行死刑的那天，朝廷会安排专车送罪犯去刑场。跟随车队的护卫人员差不多二十人，每增加一名罪犯，押送人员就增加五人。如果是五品以下的官员，直接步行到刑场，有种游街的感觉。

到了刑场，有关部门会备上一壶好酒、几碟小菜，当作送行酒。如果有亲属前来送行，朝廷允许亲属上刑台，为罪犯举办小型的告别仪式。

身为死刑犯，却享受这样的待遇，是不是很奇怪？其实一点也不奇怪，毕竟，朝廷培养的官员，如果被侮辱和虐待，有点打朝廷自己脸的意思，多点人道主义精神自然是最好的。更何况，都在朝廷混日子，谁还没有马失前蹄的时候？同僚现在享受的待遇，可能就是其他官员以后的待遇。

古代的死刑除了惩治犯罪分子之外，也有震慑百姓，让百姓害怕犯法的教育意义。如果现场观看死刑，百姓就会产生这样的想法：哎呀，与家人和和美美过日子多好，非要违法犯罪，如今一脚踏进鬼门关，悔不当初吧！时刻谨记，不要犯法，不要犯法啊！

瞧瞧，朝廷的教育目的就达到了。

行刑的地方一般在闹市，现场直播。

监斩官有三个人，分别是大理寺正、御史和金吾卫将军。亲属告别完后，监斩官会宣布罪犯的罪行，等待处决时间的到来。

在电视剧里，有句烂大街的台词：午时三刻已到，准备行刑。午时三刻换算过来就是 11 点 45 分左右，是执行死刑的最好时间。有人解释，午时三刻的阳气最盛，阴气最弱，死刑犯都是罪大恶极之人，阳气可以镇压他们。还有人说，这个时候行刑，罪犯的魂魄不会回到阳间，监斩官、行刑官的心理压力也会小很多。

其实，午时三刻只是明清两朝的行刑时间。

《通典·刑法六》说"皆日未后乃行刑"，所谓"日未"，就是太阳开始偏西。秋冬季节，下午一点到三点，阴气开始集结，最适合犯人"托生轮回"。

唐朝选择这个时间执行死刑，还是比较尊重人性的。

复查制度

唐朝死刑，最值得点赞的就是复查制度。

大理寺审完案件，会将案卷移交给刑部，刑部再次审核，御史台监督，这些都是初步审核。如果是死刑案件，皇帝会召集中书省及门下省四品以上的高官、六部尚书和九卿（大理寺卿、鸿胪寺卿等）共同讨论案情。

您想想，一位老百姓的死罪会让上述官员集体敲定，至少说明唐朝统治者对死刑的判罚是非常慎重的。当然，不是这帮大佬闲得没事干，一来唐朝的死刑案例比较少，集体讨论的次数不多，不耽误事；二来是唐朝统治者珍惜百姓的生命，奉行依法办案的律法精神。

案情讨论会上，大家各自发表意见，如果大家都说罪犯该死，那就直接判罚死罪；如果大家有疑问，当场讨论解决，让皇帝做最终的定夺。

一个制度的形成和完善，不是某位皇帝灵感突发而诞生的。追溯唐朝历史，死刑制度的形成靠的是血淋淋的事实，而那个醒悟的皇帝，就是唐太宗李世民。

唐初有个大臣叫张蕴古，学富五车，稳重靠谱。他曾经给李世民写了一篇《大宝箴》，列出了做一位好皇帝的行动指南，劝诫李世民做个千古明君。李世民看过文章后，对张蕴古赞不绝口，心生了培养张蕴古的想法。

谁料想，这段君臣佳话很快就在现实面前崩塌了。

彼时，张蕴古担任大理寺丞，在审理一件案子。被告叫李好德，罪名是口出谣言，煽动民心。张蕴古经过调查，判定李好德患有严重的精神疾病，不应该治罪，最终将他无罪释放。

原本是一件小事，却被御史权万纪告到了李世民的面前。权万纪表示，李好德的哥哥李厚德是相州刺史，张蕴古又是相州人，这其中肯定有猫腻。

政治打击，靠的就是诛心言论。彼时，权万纪正得李世民的恩宠，李世民偏听偏信，热血上头，在没有进行任何调查的情况下，下令将张蕴古处死。

李世民的理想是做千古明君，因此他会经常复盘自己的决策。在三省吾身的过程中，他想起了张蕴古，突然感觉自己可能有点冲动。于是，他派人重新调查，最终发现自己冤杀了张蕴古。惨剧虽然发生，可李世民痛定思痛，最终制定了一条规则：朝廷在执行死刑之前，必须经过五次的复查。

比如，9 月 20 日，张三要被处死，监斩官是大理寺正李二，那么 9 月 19 日，李二必须给李世民上两道奏折，请示他是否执行死刑。到了 9 月 20 日当天，李二还要给李世民再上三道奏折，提醒李世民，要处死犯人了。

这样的流程，就是为了警示统治者，对待死刑要慎重，也给皇帝更多思考时间。因此，电视剧里的刀下留人，历史上是真的存在的。如果是在外地行刑，路途比较远，一般由刑部代替监斩官给李世民上奏折，次数为三次。

大理寺的官员都是专家，很少会出现误判的情况。如果大理寺判定张三有罪，95% 的可能就是有罪。问题在于，复查是朝廷的必须流程。

好了，行刑的时候，李二没有五次上奏，而是提前杀了张三，那么对不起，李二要被流放到两千里之外，哪怕张三的死罪是铁板钉钉的事实。

从监斩官到罪犯，真的只在一念之间。

行刑后的安排

王二狗，长安百姓，家徒四壁，没有任何亲属，他在走投无路之下，抢劫路人钱财，最终因为过失杀人，被大理寺判为死罪。行刑当天，没有亲属送行，也没有亲属认领尸体，下葬的事情该怎么安排，难道要抛尸荒野吗？

别担心，唐朝以仁义治国，尊重百姓的感情。对于没有亲属认领的罪犯，朝廷会提供棺材，将罪犯装殓之后，下葬在公家的墓地，还会写上罪犯的姓名。坐牢或者流放的罪犯，如果意外去世，官府也会用棺材下葬。

至于十恶不赦的罪犯，朝廷会把他们拖到离京城七里远的地方下葬。一般而言，这种地方就是乱葬岗的性质了。

三司会审：维护正义的高级审判制度

说完了死刑制度，我们来说一说三司会审制度。三司会审是在中国历史上持续了千年的高级审判制度。

三司会审起源于汉朝，成熟于唐朝。不过三司会审是明朝才有的概念，在唐朝准确的叫法是“三司推事”。

审判场景：重大案件。

审判机构：尚书省刑部、大理寺和御史台。

在唐朝，刑事案件大致分为两种情况。一种发生在地方，由县政府和州政府审理。基本审判流程是这样的：遇到案件，县政府先行审理，给出明确的判决意见。如果是笞刑或杖刑，县一级的司法官员（司法佐）可以直接执行。徒刑以上的案件，县政府需要把案卷移交给州政府，由州府的法曹参军处理。

如果是徒刑，或者是可以用其他刑罚代替的流刑，法曹参军可以直接批准执行。如果是流刑或死刑，州府需要将案卷移交给刑部，由中央定夺。

五花八门的案件中，有些会比较特殊。

比如谋反和谋逆，或者涉及皇亲国戚、王公贵族，需要慎重对待，或者案件审理很困难，需要额外帮助。这种时候，皇帝就会启动“三司会审”制度。

需要注意的是，三司会审的案件，一定是重大案件，但不一定是死刑案件。之所以启动三司会审，是因为皇帝看重案件审判的公平公正原则。

每逢此时，刑部、御史台、大理寺就会组成一个审判小组。小组成员叫“三司使”。根据案件不同，小组成员又分为两种。

一种是大理寺卿（从三品）、刑部尚书或刑部侍郎、御史大夫或御史中丞，他们组成的班子叫“大三司”，主要审理京城的特大案件。

三个长官中，大理寺卿专业度最高，占据主导地位。

至于刑部和御史台，他们也会参与审判，更大的作用其实是审核和监督。尤其碰到政治斗争、恶意株连朝臣、政治诬告等情况，三司会审的效果确实非常好。

还有一套班子，由侍御史或监察御史、刑部郎中或刑部员外郎、大理寺司直或评事组成，他们级别偏低，却是部门的骨干官员，因此被称为“小三司”。有些案件发生在地方，不方便移交到中央，朝廷就会派遣“小三司”前去处理。

总而言之，三司会审独立于原有审判规则，也是临时性的组织。只有皇帝才能启动三司会审。这个制度的存在，就是为了追求公平公正。

在古代社会，这确实是难能可贵的制度。

县令：老百姓的大管家

唐朝的县级政府很复杂，按照政治地位的不同、户口的多少，分为京、畿、望、上、中、中下、下县等七个等级。

京县是首都的核心城区，也是中央政府、宦官贵族最集中的地方，相当于北京市的东城区和西城区。在唐朝，长安、万年、河南、洛阳、太原、晋阳都属于京县。按照制度，京县县令的级别是正五品上，属于中央高级官员、朝廷的常参官，在皇帝上朝的时候，京县县令需要到场参会。

京县县令级别很高，可谁要担任这个职务，估计脑袋都会很大。您想想，长安县令主管长安城的社会治安，如果出了刑事案件，中央肯定立马知道，您破了案还好说，如果案子成为悬案，让大佬置身危险之中，那还了得？

更何况，长安的权贵多如牛毛，如果他们闹事儿，您怎么办？

唐中宗时期，有个盗匪在万年县横行无忌，无恶不作，县令李令质派人将他关到了监狱。谁料想，案子还没公审，驸马韦擢就骑马闯进公堂，勒令李令质放人。李令质抵死不从，韦擢便在唐中宗面前给他穿小鞋，以至于李显将李令质叫到宫中，狠狠训斥了一顿。训斥理由很简单，韦擢是权贵，李令质没有给他足够的尊敬。李令质据理力争，说他这样做是维护朝廷的律法，李显这才放了他。

您瞧瞧，长安就是个不讲道理的地方，想做好京县县令，难比登天。

畿县，就是京兆府、河南府、太原府下辖的除京县以外的县，相当于北京市的大兴区、海淀区、密云区等行政区域。县令级别正六品上。

剩下的县中，望县的划分标准不详，全国共有八十个左右，有浮动；上县是六千户以上的县，县令级别从六品上；中县是两千户以上的县，县令级别正七品上；中下县是一千户以上的县，县令级别从七品上；下县是一千户以下的县，县令级别从七品下。这是《唐六典》记载的开元年间的标准。同样是县令的公子，上县和中县县令的公子在一起玩，中县县令的公子就是豪横不起来，毕竟人家老爹的级别更高。

县衙虽小，五脏俱全，想在县里混得开，还需要认识县中的大佬。首先是县令。想要做一名优秀的县令，有五件事必须亲力亲为。

第一件事是风俗教化。

比如，禁止百姓在家里收藏禁书，参加非法社团组织，搞非法祭祀活动；又如，县里有官学，县令有空可以去给学生们讲课，或者参加县学的祭祀礼仪；再如，县令需要宣传儒教的文化，其中最典型的就是孝文化。

开元年间，虢州有个叫梁文贞的人，常年在外服役，回到家里发现父母已经双双离世。梁文贞后悔没来得及赡养父母，于是打通墓穴，早晚打扫，自己则在墓旁结庐居住，这一住就是三十年。县令崔孝友感念他的孝心，为他刻石记录了此事，还将此事告知朝廷，让史官记录了下来。

第二件事是发展经济。

对朝廷来说，地方人口就是最宝贵的财富，也是考核官员的指标。

对县令来说，最重要的工作就是户口登记，每个村有多少户口，每个户有多少男丁，户口是上等户还是下等户，这些都要搞清楚。人口确定之后，要按照朝廷政策，给他们分永业田、口分田。县里每年都有死亡的人，县令要带人普查登记，收回他们的口分田，分给有需要的百姓。县里的田若是不够，县令要拿起锄头，带着百姓去开垦。

到了农时，老百姓下地干活，家里没有存款，无法维持生计，县里要安排提供贷款。水牛是农民的重要帮手，县令要派人监督，严禁民间宰杀耕牛。

如果工作都做好了，就等着秋收吧，到时候，农民收地里的粮食，县令就收农民的粮食，交给朝廷作赋税。

第三件事是司法诉讼。

唐朝的行政和司法没有分立，县令既是最高行政长官，辖区内发生民事、刑事案件，也需要亲自审判。

如今破案，DNA 检测、指纹扫描、视频监控齐齐上阵，有验尸官，有物证鉴定，还有心理学专家坐镇。可是唐朝没有这些先进玩意儿，唐朝官员断案，最常用的手段就是推理和心理博弈。

裴子云是河南新乡县令，辖下有个叫王敬的人，常年在外戍边。服役之前，王敬将家里的六头牛犊交给舅舅李进打理。五年之后，王敬回到老家，听说他的牛犊又生了三十头小牛犊，便和舅舅商量，把牛分了。

谁料想，舅舅告诉王敬，六头水牛已经死了两头，王敬只能拿回四头，至于其他的三十头，是李进自己得来的。王敬气愤不过，只能到县衙告状。

裴子云说："你先到狱中住几天，这件事我来帮你办。"随后，他将李进请到县衙，厉声斥责道："李进，县中盗匪和你一起偷了三十头水牛，据说藏在你的家里，本县令现在就让他和你对质。"说罢，裴子云将一个戴着头套的人带进县衙，立于南墙之下。

李进没见过世面，以为有人诬告，于是大声辩驳道："县令大人，这三十头牛是俺外甥的牛犊，并不是俺盗来的。"

一桩扯不清、道不明的民事案件，就这样轻易告破了。不过，裴子云觉得李进饲养牛犊有功，要求王敬送给舅舅几头牛犊，这才给此事定案。

第四件事是维护治安。

和京城一样，地方的治安也很复杂，很难治理。别的不说，地痞流氓横行街市，盗匪响马出没乡村，地方豪强鱼肉百姓，这三种社会毒瘤是肯定存在的。对县令来说，铲除邪恶势力，保百姓平安就是他的职责。

开元年间，河南真源县黑社会横行，欺压乡里，几任县令都收拾不了，朝廷任命强悍务实的张巡为县令。刚刚到任，张巡便组织了一场“斩首”行动，铲除黑社会的头子，赦免其余从犯，一套组合拳下来，黑社会只能乖乖就范。

第五件事是工程水利。

老百姓需要水源灌溉农田，县令就要疏浚水道，修建水车，修建河堤水坝。朝廷的漕运河道经过县里，县令要定期组织人手疏浚，出了事，那可是要吃不了兜着走的。皇帝出巡经过，要修建皇帝的行宫，要修建道路，修补城墙，还要维修寺院和道观。这些事情都需要县令去筹备资金，组织人力。

其中，修建水利是硬工程，县令干得好，百姓会为他勒石记功，朝廷也会通令嘉奖，如果干不好，升职加薪的难度就会大大提升。

县里的二号大佬叫县丞，是县令的副手，相当于常务副县长。

如果有可能，还是尽量别干这个岗位。县丞的定位是“通判县事”，简单地说，没有明确的职责，辅佐县令办事即可。问题是县令才是决策者，身为县丞，只能跟在县令后面，听其号令，除非取代县令，自己能够上位。

三号大佬是县主簿，主要工作就是掌管政府盖章、办公用品、账目出纳、文书处理等事情，属于综合职能岗，相当于县政府办公室主任。

四号大佬是县尉，主要负责缉捕盗贼，掌管刑狱之事，相当于公安局局长。

五号大佬是县录事，这个职位比较特殊，在京县，县录事是正式官员，在其他的县，县录事不算正式官员，只能算胥吏。县录事主要负责整理、审核县衙的文书。比如，乡里递来一份文书，县令拍板，让县丞立即处理。接下来，县丞会将文书转交给县录事，让他审核文件中的信息，包括错别字等，县录事审核无误，写上“检无稽失”，再转交给县主簿、县尉，由他们去具体执行。

在古装电视剧里，县令的身旁还会站着一位师爷，县里的司法判案、钱粮征收，甚至县令和老婆的家庭内务，师爷都会帮忙处理，完全是神一样的人物。不过，师爷要到明朝才有，在唐朝是不存在的。

按照制度，县令、县丞、县主簿、县尉一般由通过科举考试的学子担任。他们都是读书人，没有处理实际政务的经验，不了解朝廷律法、风土人情。对他们来说，自己作为管理者，想要有好的政绩，只能依靠下面的基层胥吏，包括县佐、县史、司功佐、司仓佐、司兵佐、司士佐、司户佐、司法佐、市令、市史、市帅、仓督、典狱、问事、白直，以及教育口的博士、助教等。

县令是由尚书省吏部任命。可是对皇帝来说，县令就是自己的形象代言人，堪称帝国的基石，皇帝对县令的任免也非常关注。

贞观时期，李世民下令，五品以上的中央官员可以向朝廷推荐县令，如果被举荐的县令在任期贪赃枉法，推荐人要承担失职的罪责。

武则天时期，朝廷开设“县令举”，除了考察县令的文化知识，还要考察国家政策、法令法规、礼仪制度，以及时务问题。

玄宗时期，朝廷直接规定，读书人考中进士、明经，朝廷可以授官，但如果他们年龄太小，没有丰富的人生阅历，就不允许担任县令职务。

如果您有幸做了县令，还要经过各种严厉的考核。最重要的是年考，也叫常考，每年都有一次，和现代职场人都经历过的年终总结一样，要先写一份书面的自我评价，再交到州政府。考核期间，上级领导会宣读县令的自我考核评语，再集体议定您最终的评级。

唐朝将官员考核分为九等，分别是上上、上中、上下、中上、中中、中下、下上、下中和下下，考核主要看县里户口的增减、老百姓的平均收入、县令是否勤政、赋税缴纳情况。除此之外，评委团的印象也很重要。如果县令曾经翘班，却夸自己勤政，或者顶撞过某位领导，却夸自己谦虚谨慎，那就比较麻烦了。

除了常考，还有不定期的巡考。比如，州里会有特派员巡视县境，如果碰到有刑事案件发生，或者有老百姓告县令贪污受贿，那就坏了。

有时候，中央会派高级官员到地方巡查，这些官员叫“黜陟大使”，或者“采访处置使”，他们既可以让您飞黄腾达，也可以让您的仕途戛然而止。想要一个稳健的仕途，最好的选择就是好好做官，善待百姓。

按照制度，每四年是一个周期，考核成绩达到吏部的升迁标准，就可以挪窝了。有时候，三年一考核，或者五年一考核，每个皇帝的政策不一样。

那么，身为县令，要怎么管理下面的百姓呢？

拿唐朝的中等县来说，户口数量有两千，而其地盘，平均下来小县有几十平方千米，大县有上千平方千米，也就是说，走上十里地可能都碰不到一户人家。在古代，官府没有小汽车，也没有电话，县令要管理村民，就只能通过基层组织，比如坊、村、乡、里。

在首都、州城、县城的基层组织叫坊，负责人叫坊正。在田野郊外，基层组织叫村，负责人叫村正。

一般而言，一个村可能有三五户人家，也可能有几十户人家，朝廷不做任何规定。如果一个村不满十户，它可以叫村，但是不允许设置村正，只能让相邻的村正代为管理。如果一个村超过了一百户，可以设置两位村正。

唐朝还规定，一百户为一里，五里为一乡，四家为邻，五家为保。每个乡设乡长一人，乡佐两人。贞观十五年，李世民取消了乡长编制。因此，掌管一百户村民的里长，其实是基层组织中权力最大的人。

里长是对接县政府的重要干部，由县政府任命。一般而言，村里六品以下的勋官，或者家世清白、身体强壮的青年，都有机会申请做里正。

简单地说，坊、村是按照地域划分的基层组织，乡、里是按照户口划分的基层组织。唐朝靠户口管理百姓，因此在农村，村正要配合里正的工作。

首先是统计户口。县领导任命里正，就是因为里正熟悉农村的情况。法律规定，里正必须如实上报户口数量。比如，张小二是您的侄子，您为了让他免掉税赋和劳役，没有给他们家上报户口，那好，如果县政府查出来，肯定会请您吃一年的牢饭。

其次是掌管治安。邻居间拌嘴吵架，谁家的孩子偷鸡摸狗，单身汉偷看姑娘洗澡，里正就要充当居委会主任的角色来调停。当然，这些都是小事，但是如果某位村民偷偷离开村庄躲到了外地，里正就要被鞭笞四十，如果逃户超过四人，里正罪加一等。

然后是征调赋役。朝廷要找百姓收粮食，要征调布帛，拉男丁服役，都得靠里正去摆平。究竟是拉张家的大儿子，还是李家的二儿子，里正会很为难。在乡村，因为这些事情，很容易发生暴力冲突，万一处理不当，里正就要被县政府鞭笞四十。

里正职业风险虽大，但收益是与之并存的。

在唐朝，里正不是正式公务员，没有品级，没有工资。不过，里正是胥吏，在老百姓的眼中，他就是村里的一号实权人物，可以理解为“村官”。

不仅如此，普通男丁需要承担国家的徭役赋税。而里正却不用交租子和布帛，也不用服兵役，免除朝廷徭役。如果是村正，不需要服县里的杂役，比如县里需要修水渠，村正不用去干活，这也算是额外的福利了。

流外官：别拿豆包不当干粮

在唐朝的官职体系中，还有一种叫流外官。

前面讲过，所有的职事官都有自己的品级，也有对应的散品，从正一品到从九品下不等，这些属于九流以内的官职，叫流内官。

拿尚书省来说，最高首领是尚书左右仆射，官居从二品，最低级别的官员是各司的主事，官居从九品上。主事虽然是最低级别的官员，可好歹拿着朝廷的俸禄，穿官员的正式服装，享受正式的福利，属于“国家公务员”。

在尚书省内部，除了这批官老爷外，还有一群胥吏。比如，尚书省有令史、书令史、亭长、掌固。

汉高祖刘邦曾经就做过亭长，他的工作是维持地方治安，相当于地方派出所所长。亭长的任务就是每天定时开启、关闭本部的府门。除了开门，还要给领导跑腿，比如吏部想把公文送到中书省，就是亭长的职责；掌固则主要负责看守部门的仓库，看护内部的陈设。令史、书令史、制书令史主要负责部门的文书工作。

尚书省、中书省、门下省、兵部、吏部有许多机密档案，存放档案的地方就叫甲库（机密档案室）。大家都知道，警察局都有专门的枪械管理机构，刑警调取枪支、归还枪支，都要经由他们登记。平时，他们也要经常维护枪械。甲库令史的职责其实和枪械管理人员一样。

除了尚书省，吏部也有令史、书令史、制书令史、甲库令史、亭长、掌固，吏部各司也有令史、书令史、掌固。

胥吏数量非常多，光是尚书省的胥吏就多达数百人，远超过尚书省的官员。然而，他们只是一群打杂的，是供官员驱使的群体，基本上没有政治地位。有个词语叫官吏，正式的公务员才叫官，给官员打杂的就叫吏。

在那个年代，每个衙门口都有胥吏，而且职务称呼五花八门，很难穷尽。根据官方统计，全国至少有三十万的胥吏兢兢业业地为领导服务。

当然，吏也是分等级的。您在尚书省、中书省打杂，就比在吏部打杂强；在吏部打杂，肯定比在京兆府打杂强；在中央机构打杂，要比州县的胥吏强。比如，尚书省要下发文件通知，需要誊抄，要由内部的令史负责；其他部门或者州府发来公文，数量繁多，又没有电子办公，也由他们手工分类、整理，再送到领导的办公室。他们的工作虽然很低端，却可以接触到很多信息，又经常在领导面前露脸，如果业务本领过硬，运数好点儿，还是有发展前途的。

那么问题来了，既然叫流外官，那到底是官，还是吏？

有人因为它的名字叫流外官，就认为它是官。然而就像鲸鱼虽然叫鱼却是哺乳动物一样，按照唐朝的官场习俗，流外官属于吏。

《资治通鉴》载："上患吏多受贿，密使左右试赂之。有司门令史受绢一匹，上欲杀之。"瞧瞧，在官方的称呼中，令史之流确实是吏。

虽然是胥吏，可您要上岗，也得拿到吏部的正式任命书。

古代的朝廷很讲究，既然是聘用你，那就得精心制作任命书，让你有做官的仪式感。临时聘用、外包合同统统不存在。

胥吏也有品级，最高的叫勋品，也就是一品。比如尚书省、中书省、门下省的令史，各部门的楷书手，都是勋品级别。最低的是九品，比如殿中省尚辇局的主辇、奉辇（皇帝出行的跟班）。胥吏是没有正、从之分的。

和职事官一样，胥吏也是国家公职人员，也是拿朝廷俸禄的。然而，和职事官比起来，他们属于低薪阶层，俸禄只能满足自己的温饱。想让自己的日子好过些，要么努力上进，跻身职事官的序列，要么贪污受贿，中饱私囊。

从官方记录来看，唐朝贪污的胥吏不多。一来，他们没有实际的权力，没法以权谋私，充其量只能出卖机密信息，换点儿零花钱；二来，胥吏也要接受吏部的考核，他们有四等评价，其中"背公向私、贪浊有状"属于下下等，如果得到这种评价，说明是个官场垃圾，以后就很难在社会立足。

至于办公服装，职事官根据自己的品级，有紫色、绿色、红色等诸多选择，胥吏只有一种，黄白相间，以铜铁为饰，和庶人一样。您家里有点储蓄，想给自己置办点儿金银装饰、金玉腰带？对不起，那是僭越的行为，小心挨板子。

每天早晨，官员们都是骑马上班。

您可能会说，电视剧里官员都是坐着轿子上班，不怕日晒雨淋的。可是在唐朝，轿子还没有完全普及，皇帝都是选择步辇、舆辇（车驾）出行。所谓的步辇，就是几个人抬着皇帝，皇帝双腿盘在一块木板上，大家可以看到皇帝本人的那种。如果想有直观的感觉，可以看看唐朝画家阎立本的《步辇图》。连皇帝都没轿子可坐，更别说普通官员了。

在唐朝，马匹的价值很贵重，只有官员才买得起，而且唐朝尚武，不管是文官还是武官，都以骑马为荣。可是对胥吏而言，他们没有经济实力，就算有也得低调行事，加之政治地位低下，只能骑着小毛驴上班。

至于法律豁免权、荫封等政治特权，胥吏是完全享受不到的。

那么，在唐朝哪些人可以做胥吏呢？

严格来说，只要政治成分没问题，也就是除了商人、罪犯、手工业等末流之子以外，大家都可以尝试。可官场有自己的习俗，那个年代，有以下几类人经常参加胥吏选拔。

第一类：九品到六品官员的儿子。

五品以上官员的儿子可以享受门荫，只要选对了路，自己能力没问题，多少可以混个职事官。但是，如果您的老爹是六品以下，那您的选择就少多了。学习成绩好的，可以读大学，参加科举考试；如果没那个能力，只能拿着老爹的资历，再学个一技之长，参加流外官的选拔。

第二类：州县的佐吏。

他们已经是胥吏，业务技能过关，懂人情世故，有一技之长，可是在地方混迹，肯定不如中央的机会多啊。只要有点儿理想，他们也会参加铨选，早日做中央的胥吏，某一天转正做职事官也是可以期待的。

第三类：散官、勋官。

朝廷的坑位太少，等待分官的人太多，如果您的老爹没话语权，或者得罪了某位大佬，您可能一直和职事官擦肩而过。如果是这种情况，就退而求其次，做中央的胥吏，再找机会转正做职事官。

第四类：庶民。

如果是前三类人，几乎不用朝廷考核，可以直接参加铨选。可如果您是普通百姓，县令、州刺史就得先审核您的条件。如果合格，再推荐到吏部。

流外官的铨选流程和流内官是一样的。不过，流外官是给领导打杂的，有它自己的铨选标准：书（写字好看）、计（会搞算术，脑子运算快）、时务（能办实事，有办事经验）。只要符合其中一项，吏部就不会为难您。

牛仙客是开元时期的宰相，史书评价其“目不识书”。他因为读书不行，不能走科举考试的路子，一开始只能做个普通的胥吏。谁曾想，牛仙客有两大本领，一是会理财，二是会给领导办事儿。在鹑觚县工作的时候，牛仙客得到了县令傅文静的赏识，傅文静升官之后，将牛仙客带在身边，悉心培养，不断提拔，让他的名气越来越大。后来，牛仙客相继成为王君㚟、萧嵩的下属，在两位大佬的推荐下，牛仙客直接晋升为中央官员，一直做到宰相的高位。

胥吏出身的钟绍京，算术不好，时务一般，却把小楷练成了一手绝活。在长安工作的时候，兵部尚书裴行俭欣赏钟绍京的小楷，将他提拔到中央。此后，钟绍京几乎包揽了宫廷的牌匾、楹联、门榜，一举成为大神级人物。名声在外，再加上不断地历练，钟绍京最后也做到了宰相的高位。

在那个年代，吏部郎中负责流外官的铨选工作。由于流外官的数量太多，而且缺乏门下省的复核监管（只有裴光庭的内阁监管过），难免存在营私舞弊的情况。比如给吏部官员输送利益，找熟人推荐，或者简历造假等。

有一个灵魂拷问：如何成为一名优秀的流外官？

答案很简单：尽快转正，成为流内官。在体制内，不想做流内官的，肯定不是优秀的流外官。任何流外官都只是他们转正的踏板。

转正第一步：获得门户官的资格。

流外官有自己的晋升流程，每年考核一次，每三年晋升一次，如果您做到流外一品，就获得了转正的初步资格。

所谓的初步资格，意思是朝廷还要继续审核你的资格。不管怎么说，一个是官，一个是吏，两者有天然的鸿沟。为了填满这个鸿沟，朝廷给他们设置了八年的考核期。也就是说，就算是流外一品，也要再考核八年。

假设您二十岁做流外九品，年年都得优秀，每三年晋升一次，到流外一品的时候，您已经是个四十四岁的糟老头子了，再熬个八年，就是五十二岁，如果保养不好，恐怕已经满头白发了。对流外官来说，拿生命熬资历，苦命晋升确实很残酷，统治者已经帮您考虑到了。因此，每逢大赦天下，或者新皇帝登基，统治者都会减免流外官的考核次数，有时候是一年，有时候是两年。

假如您属于比较幸运的那一类，五十岁时熬出了头，这时吏部会组织三门摸底考试：一门是试判，需要考核您独立审案、做决策的能力；一门是经书；一门是史书。

在唐朝的体制内，想要做职事官，文化知识是绕不过的坎。您不想参加科考，所以去做了胥吏，可逃避了这么多年，您还是得学习。有理由相信，您在做胥吏的时候一定挑灯夜战，啃完了几本经书和史书。

考试通过，您就可以参加流内官的铨选了。

不要着急，您的选择有很多。

尚书省二十四司、门下省、中书省的都事、主书、主事；太常寺、光禄寺、卫尉寺、太仆寺、宗正寺、鸿胪寺、司农寺、大理寺、太府寺的录事，也就是传说中的“九寺录事”；亲王府的录事、亲事府典军、帐内府典军；大理寺的狱丞；京县或州中的录事；县里的主簿、县尉。

看得出来，这些职事官都是流外官以前领导的岗位，按照官场规则，这些官职都是给流外官转正准备的，流内官很少染指。可到了后来，通过科举入仕的学子越来越多，尤其是新科进士，很少有合适他们的岗位。因此，县主簿、县尉几乎成为安排进士的主流去处。

仕途到了这里，您的人生已经打开了一扇窗。运气好的，可以留在京城做官，可绝大部分只能到州、县，或者节度使的府衙任职，至于后面的仕途，完全看自己的机遇。做得好，您可以晋升为宰相、州刺史，做得一般，您只能混个县令。

第五章

在唐朝混迹官场是一种什么体验？

官场礼仪：官员的必修课

对现代人来说，穿越回唐朝，最难学的恐怕就是礼仪了。

当今社会，不管是亲朋好友，还是职场同事，早上碰面，说一句“早上好”，代表您有素质，如果您问一句“哈喽，吃过早餐了吗”，代表您是个有温度、接地气的人。可要回到唐朝，混迹在礼仪之邦，这些恐怕就不够用了。

简单地说，封建社会有尊卑、贵贱、上下、长幼等社会秩序，先贤大儒们创造礼仪，通过“礼”（教条制度）来明确不平等的社会地位，通过“仪”（表现形式）来强化大家对尊卑等级的共识。

简单地说，礼仪就是维护当权者江湖地位的游戏规则。

鉴于唐朝的礼仪太多，我们将身份定位为官员，先学官场的礼仪吧。

记住，您的身份是大臣。

在那个年代，皇帝就是神一样的存在，任何对皇帝不尊敬的行为，都是会要性命的。为了显示皇权的尊严，礼仪部门针对不同的场合、不同的时候，制定了五花八门的礼仪。据粗略统计，仅大臣面见皇帝，就有几十种礼仪。

在电视剧里，大臣觐见皇帝，似乎都会跪在地上，高喊着“皇帝万岁万岁万万岁”“给陛下请安”“祝陛下千秋万岁”之类的话。

只能说，这些都是超级简化版的礼仪。对导演来说，想要还原唐朝的官方朝拜礼仪，一集 45 分钟的电视剧，时间可能真的不够。不信，咱们来瞧瞧。

狂欢指数第一名：蹈舞礼。

蹈舞礼别名拜舞礼，堪称隋唐五代时期最隆重的礼仪，只有皇帝能够享受这个待遇。也就是说，如果有人愿意向您行蹈舞礼，那就是承认了您的皇权。

比如，隋末宰相苏威以善于跳槽、拍领导马屁著称，隋末天下大乱，群雄纷争，他辗转到了李密的麾下，为了讨好新主子，年迈的苏威居然向李密行了蹈舞礼。李密垮台后，苏威又辗转到王世充的麾下，故技重施，旁人深以为耻。

唐朝末年，军阀李希烈割据地盘，成为河南最强悍的势力，河北军阀朱滔为了迎合李希烈，劝他称帝，还专门派遣使者，给李希烈行了蹈舞礼。

一般而言，每年元旦、冬至，皇帝接受群臣朝贺，大臣都要行蹈舞礼。

朝贺前一天，掌管宫殿陈设、出行仪仗的殿中省尚舍局会提前在太极殿摆下帷帐，准备好各种道具。宫城之外，礼仪部门热火朝天，忙着给官员划分等待区域。比如，文官和武官分开，京官和外官分开，三品和四品以下的官员分开。这种场景，很像后世军训检阅时每个队伍都有自己的区域一样。

朝贺当天，朝廷先安排黄土垫道，泼水净街，礼仪官员、仪仗军队陈列在宫殿的大门和主干道，形象威严，气氛肃穆。

吉时一到，朝贺的总指挥官，也就是门下侍中会高声宣布：请中严（中庭戒备）。这时，您会看到威武雄壮的侍卫鱼贯而入。在中书省通事舍人的带领下，四品以下的官员各就各位。请注意，千万不能交头接耳、东倒西歪。

随后，门下侍中再次高喊：外办。这时，皇帝就该出场了。

太极殿的西边，皇帝乘坐御用车驾缓缓而来，如果是在元旦，他会穿衮服，如果是在冬至，他会戴通天冠，穿绛纱袍。御座之上，皇帝向南而坐，符宝郎将传国玉玺摆在龙案上。这时，王、公、侯等贵族，四品以上的官员相继就位。一般而言，高官权贵站在太极殿内，四品以下的官员站在太极殿的广场。

这时，礼仪官员高喊道：再拜（拜两次）。殿内的高官便给皇帝行两次拜礼。殿外的“赞者”也跟着高喊“再拜”，低阶官员也跟着行礼。

完事之后，某位德高望重的国公爷会代表群臣，向皇帝行礼。

按照礼仪，国公爷先脱掉鞋子，然后跪在地上，解开自己的佩剑放在席上。随后，国公爷站起身，走到皇帝跟前，再次跪在地上，高声唱道：“某官臣某言：元正首祚，景福惟新，伏惟开元神武皇帝陛下与天同休。”如果是在冬至，台词会换成“某官臣某言：天正长至，伏惟陛下如日之升”。

说完之后，国公爷退回到自己的位置，跪着装好佩剑，站着穿好鞋子。至于群臣，老规矩，一起行个“再拜”礼吧。

这时，门下侍中来到大殿的东北方位，宣称：“有制。”

群臣再次拜礼。

门下侍中宣读道：“履新之庆，与公等同之。”

群臣再次拜礼。

接下来，就是最隆重的蹈舞礼。太极殿内，群臣扬起自己的宽幅衣袖，挥舞着他们的小手，脚上也不能停，要么旋转，要么蹬踏，各自翩翩起舞。

您不用担心有人跳拉丁，有人跳芭蕾，有人跳街舞，现场会发生混乱。在唐朝，官员上岗前都要经过相关的礼仪培训，蹈舞礼就是其中一项。

蹈舞礼结束后，群臣一起喊道：“万岁、万岁、万岁。”

最后一个流程——您没有猜错，再来一次再拜礼。

关于蹈舞礼，如果您忘记了基本舞步，那可能就比较麻烦了。

唐高宗年间，李治召见一位叫韩思彦的官员，打算将他任命为乾封县丞。按照规矩，韩思彦要向李治行蹈舞礼，以示感恩。但是韩思彦常年在外地做官，哪还记得蹈舞礼的动作，只好尴尬地站在原地。

不给皇帝行礼，性质就是大不敬。更何况，这位老兄疾恶如仇，经常抨击武则天干涉朝政，比中央的监察御史还卖力。这一次，以中书令李敬玄为首的朝臣上奏弹劾，最终将韩思彦降级为朱鸢县丞。同样是县丞，一个是皇帝钦点的全国重点县，一个是越南的县，韩思彦为自己的健忘付出了惨痛的代价。

心跳加速第一名：趋步礼。

关于趋步礼，有些历史剧还原得还不错。比如，每逢早朝的时候，皇帝单独让某位大臣回话，大臣就会踏着小碎步，快步走到大殿的中间。

趋步礼的精髓就是让您有神经紧张、呼吸急促的感觉，这样才显得您恭敬，显出对方的高大伟岸。一般而言，皇帝单独找您谈话，上级领导到您家拜访，在上级领导面前办事回话，朝堂上遭到御史的弹劾，您都需要踏着小碎步，以最快的速度出现在您应该出现的地方。否则，您就等着吃瘪吧。

不管是蹈舞礼，还是趋步礼，都是耗费体力的活儿。如果您是年轻人，跳一段舞蹈没太大压力，可有些朝臣已经年逾七十，行将就木，您让他们跳大舞，还让他们小碎步前行，这简直是要他们的老命啊。

唐代宗时期，宰相裴冕年迈体衰，在一次蹈舞礼中，因为体力不支，最终昏倒在地，只能被人抬下朝堂，这也成为长安百姓津津乐道的八卦新闻。

大臣见了皇帝，肯定少不了行礼。可您要是德高望重的大臣，或者是明星人物，皇帝也会给您礼遇。比如，允许您肩舆上殿（人抬的步辇），房玄龄、李纲、马怀素等大臣都享受过这种待遇。比如步迎赐坐，李隆基第一次会见李白，就是主动出迎，还亲手给李白调制羹汤。

玄妙指数第一名：叉手礼。

关于叉手礼，《事林广记》有详细记载："凡叉手之法，以左手紧把右手拇指，其左手小指则向右手腕，右手四指皆直，以左手大指向上。如以右手掩其胸，收不可太着胸，须令稍去二三寸，方为叉手法也。"

故宫博物院有一幅国宝叫《韩熙载夜宴图》，是南唐画家顾闳中的作品，画中有两人行的就是叉手礼。

有一次，李隆基到御花园休闲散步，在他身后，有人抬着他的御辇，有人拿着皇帝仪仗，还有一个人跟在队伍的后面，只负责行叉手礼。

简单地说，这种礼仪非常玄妙，它不像蹈舞礼、趋步礼那样，动作感和仪式感很强。这种礼仪的存在，似乎是用一种比较安静的形式，表示对尊者的敬畏。

提醒您注意，如果您要行叉手礼，就要一直把手放在胸口，礼仪不能中断。所谓"叉手不离方寸"，说的就是这个意思。

残酷指数第一名：剪发剺面割耳礼。

这是少数民族的礼仪，能享受此礼的都是受人尊敬的皇帝。

公元649年，唐太宗李世民驾崩，举国悲痛，少数民族首领得知消息后，相继派了数百名使者前来吊丧。按照中原礼仪，大家给皇帝守个灵，哭哭鼻子，以头抢地就算很不错了。大家都很好奇，少数民族究竟是怎么吊丧的。

吊丧的当天，吃瓜群众已经就位，只见少数民族使者涕泪横流，如丧考妣，并没有什么稀奇的。就在大家失望的时候，他们突然掏出佩刀，割断自己的头发，随后用刀在脸上划拉，一时间鲜血直流。最恐怖的就是，他们竟然割掉了自己的耳朵，将它们扔在地上。更有甚者，阿史那·社尔、契苾何力两位将军竟然要求殉葬。

画风突变，吊丧现场瞬间变成了自残现场。皇室成员和朝廷重臣惊呆了，他们跑到李唐的地盘自残，难道是想碰瓷？就在这时，懂行的官员告诉大家，这是少数民族吊丧的最高礼仪，纯属对李世民的尊敬，大家这才安心。

虚伪指数第一名：西向拜谢礼。

身为朝中大臣，举办职场宴会，或者到军中犒赏将士，难免要致几句辞。这个时候，您千万要遵守以下流程：走到宽敞的地方，面向西方而站，举起您的酒杯，以示对皇帝的尊重，然后说几句给皇帝歌功颂德的话。比如，“幸赖当今天子神于武功，圣于文治，得以天下大治，百姓安康”，等等。

简单地说，您有幸福的生活，全部仰仗皇帝的神威。

复杂指数第一名：跪拜礼。

秦汉以前，中国是没有凳子的，不管是家庭起居，还是社交场合、公务场所，大家都只能席地而坐。标准坐姿是这样的：两个膝盖着地，两条腿朝身后伸直，身体呈跪立的状态，屁股紧挨着两个脚后跟，称之为坐，也叫跽。

提醒您注意，屁股不能直接坐在脚后跟上，那样对您来说可能很轻松，对旁人而言却很不雅观，也很失礼。最好的姿态就是稍微挨着。

您想想，古人都是这样的坐姿，如果要行礼，站起来肯定不方便，最好的办法就是在坐姿基础上，发明一些礼仪动作，这就是跪拜礼的缘起。

跪拜礼也分为稽首、顿首、空首。

稽首礼是将您的左手按在右手上，掌心向内，将手拱到地上，手位于膝盖的前面。叩首的时候，动作一定要缓慢，将您的头触碰到地面（拜头叩地）。请注意，行礼过程中，您不能快速起身，否则就是对尊者的不敬。一般而言，稽首礼用于臣子对君主的正式礼拜，也是跪拜礼中最隆重的一种。

顿首礼的基本动作和稽首礼是一样的，只不过叩首的动作很快，头触碰到地面后，您可以快速起身。一般而言，顿首礼是同僚间的行礼，或者平辈之间的礼仪。

空首礼也叫拜手礼，还是一样的基本动作，叩首的时候，头不用触碰地面，而是触碰手背（拜头至手）。一般而言，空首礼用于普通的社交场合。

中国古代有“三跪九拜”之礼，除了上面的三拜，还有振动、吉拜、凶拜、奇拜、褒拜、肃拜六种礼仪。简单地说，只要您学会了稽首、顿首、空首礼，混迹在长安官场，别人肯定挑不出您的毛病。

随意指数第一名：揖礼。

揖礼的基本姿势是站立，不算隆重正式的礼节，一般在非正式的社交场合对身份相当的人使用，大致分为拱手、作揖、长揖、打躬几种。

您行走在路上，碰到陌生人想问路，或者早晨起床，想和邻居打个招呼，把您的双手拱起来，向别人行个礼，这就算拱手礼了。在电视剧中，练武之人想要比武切磋，都会先礼后兵，先来个拱手礼。一般而言，左手抱着右手，表示让别人先动手，如果是右手抱着左手，表示自己先动手。

行拱手礼的，都是身份低微、不太讲究礼仪的群体，比如小老百姓。

如果您是低级官吏，可以学学作揖。基本动作是这样的：左手抱着右手，身体略微弯曲，保证您的眼睛可以看到自己的脚面。如果碰到向别人道歉、致谢、祝贺、请教、敬酒的场景，作揖可能是最好的选择。

提醒您注意，在一般的场合，尽量不要总是作揖，因为您向别人作揖，别人也要还礼，这个动作挺费劲，恐怕会惹别人不高兴。

所谓长揖，就是将您的手臂举高，然后做作揖的动作。至于打躬，就是将您的身体弯曲成弓形。一个注重手臂的运动幅度，一个注重身体的弯曲程度。

在那个年代，有些读书人清高自傲，不愿意向权贵行跪拜礼。于是，打躬就成了完美的选择，既可以显示对尊者的礼敬，也不会降低自己的身份。

官员和官员之间，也有很多礼仪。

唐朝规定，三品及三品以下的文武官员，只要见到一品官员，都要行礼。四品拜二品，五品拜三品，只要是隔级官员，在街上碰到，都要下马行礼。

大和年间，御史中丞温造上街，刚好碰到了左补阙李虞。御史中丞是正五品上，左补阙是从七品上，按照规矩，李虞应该下马回避的。谁料想，李虞就是不想回避，温造非常恼火，于是命人痛揍了李虞的仆人一顿，让李虞吃了个哑巴亏。

身为官员，如果遇到小老百姓挡道，也可以随意训斥，甚至拘留。

唐朝有个诗人叫贾岛，有一次，他骑着小毛驴逛长安天街，时值秋风劲吹，落叶飘旋，贾岛诗兴大发，吟出一句“秋风吹渭水，落叶满长安”。一句好诗出炉，贾岛得意忘形，结果竟然冲撞了京兆尹刘栖楚的车驾。刘栖楚大怒之下，请贾岛到长安监狱住了一夜，最后才将他放出。

礼仪是官员的必修课。身为官员，了解朝廷礼仪，既可以避免犯错，也可以耍耍威风，确实很有必要啊。

上朝流程：你见过凌晨四点的长安吗？

唐代的上朝，分为大朝和常朝。

大朝只在元旦、冬至两天举行，参加的人员包括藩国使臣、中央官员、地方高级官员、军中将领。常朝，就是经常举办的日常会议。

您也可以理解为，常朝是政治局扩大会议，大朝是全国人民代表大会。唐朝还有宰相参加的内阁会议，那属于政治局常委会。

唐朝开国初年，国事繁多，每天都会举办常朝。639 年，尚书左仆射房玄龄上奏，说天下太平，国家无事，可以每三天举办一次朝会，李世民当即批准。房玄龄的意思是让民间休养生息，政府不要太过插手，还是符合国情的。

649 年，长孙无忌考虑国事繁多，重新启动每日一朝的旧制。

唐朝每个皇帝的习惯不一样，有隔日一朝，有五日一朝的。

如果想参加常朝，您必须是“常参官”。

第一类：五品以上的高级文官。

第二类：中书省和门下省的供奉官。

包括门下侍中、中书令、黄门侍郎、左右散骑常侍、中书侍郎、谏议大夫、给事中、中书舍人、起居郎、起居舍人、通事舍人、补阙、拾遗。

第三类：监察御史。

第四类：尚书省二十四司的员外郎。

第五类：太常博士。

如果您是九品以上、五品以下的职事官，只能在每月的初一和十五，远远地聆听皇帝的教诲。

如果您穿越到唐朝，对参加朝会的地点要有所了解，因为这也是有讲究的。

如果是唐高祖、唐太宗和唐高宗时代，政治活动集中在太极宫。其中，大朝会、国家级典礼在太极殿举行，常朝一般放在两仪殿，皇帝和宰相班子商议军国大事，皇帝接见大臣，基本在甘露殿。高宗以后，政治中心转移到大明宫。含元殿、宣政殿、紫宸殿分别替代了太极殿、两仪殿和甘露殿的功能。

长安实行宵禁制度，夏天的五更两点（凌晨三点四十八分左右），冬天的五更三点（凌晨四点十二分左右），承天门的值班人员会敲响第一声晨鼓。这个时候，长安的宫门、各坊的坊门会相继开启，百姓们可以出门活动了。

此时，普通百姓大多还在酣睡中，大唐官员已经为上朝做准备了。

官员府邸亮起了灯火，官员起床梳洗打扮，穿好朝服，拿好装备，骑上高头大马，在提着灯笼的仆役的引路下，纷纷走向大街。

在现代的电视剧中，我们可以看到明清两朝的官员都坐着官轿，可以遮风挡雨，但在唐朝，轿子还没有普及，不管是宰相，还是九品芝麻官，全部骑马上朝。到了宫城附近，就得下马步行，走到大明宫南墙的望仙门（靠东）或者建福门（靠西）等候。如果想直接到皇宫内殿等候上朝，那是不可能的。那个年代，任何男子进宫都要经过严格的审查，不存在私自进宫的可能。

到达宫门的时间，大概是五更五点，也就是凌晨五点钟。

一般而言，官员都会提前到场，排队等候上朝。只不过，这里没有供官员休息等待的房屋，只能露天而站。不管是风霜雨露，还是暴雪寒冬，大臣们只能用肉体和意志硬扛着。皇帝也很过意不去，觉得大家起早贪黑很不容易，于是将太仆寺车坊划拨出来供宰相避雨。请注意，这里只供宰相级别的官员避雨。一直到唐宪宗元和初年，朝廷才设置了“待漏院”，让百官免了淋雨之苦。

百官候朝的时候，宣政殿内已经有了动静。

比如，有关部门在宣政殿的北壁整理御座，也就是龙椅。龙椅的背后，立着一面绘着斧形花纹的大屏风，面前摆着熏炉、香案。

比如，御史大夫在宣政殿外等候，准备引导官员入殿。

比如，两名监察御史在东朝堂和西朝堂的砖道上，等候百官的到来。

天色微明，望仙门和建福门同时开启，文武百官依序入内。

想要到宣政殿，得穿过层层宫门，每个宫门都有监门校尉，他们会严格执行朝廷的“门籍”制度和“监搜”制度。

门籍是悬挂在宫殿门前的记名牌，长二尺，竹制，上面写着官员的姓名、官职、样貌等信息。到了后来，门籍变成册籍，也就是纸质版的花名册。

官员进宫，需要向监门校尉申报自己的信息，也叫“唱籍”。监门校尉逐一校对信息，核对无误，会说一声“在”，表示您有资格上朝。这个时候，会有卫士前来搜身，防止您夹带毒药、武器进宫，这个叫“监搜”。

就连宰相都没有免唱、免搜的特权。

贞观年间，长孙无忌进宫奏事，也不知是监门校尉疏忽了，还是长孙无忌忘记了规矩，最后竟然佩刀入宫面圣。此情此景，群臣震惊了，封德彝要求立即处死监门校尉，罚长孙无忌二十斤铜，李世民也无可奈何。

穿过望仙门和建福门，就算是到了禁宫。映入眼帘的，是大明宫的正殿含元殿，含元殿的东边是通乾门，西边是观象门。在这里，文武百官需要按照官职大小，站好队，文官从通乾门入内，武官从观象门入内。

别忘了老规矩，门籍和监搜。

越过通乾门，文官可以看到东朝堂；越过观象门，武官可以看到西朝堂。在这里，两名监察御史会接手队伍，将他们带到宣政殿前，和御史大夫一同入内。

大家都知道，官员入殿需要行“趋步”，也就是小碎步。原本是礼仪，可唐玄宗李隆基觉得这种步伐容易造成慌乱，有失体统，后来宣布取消了。

宣政殿内，宰相站在最前面，属于第一序列。

文官站在大殿的东边，分为一品方队、二品方队、三品方队、四品方队和五品方队。每个方队的最前面，永远是尚书省同等级别的官员。比如五品方队，领队肯定是各司郎中。至于武官，站立在西边，道理是一样的。

大殿之内，还有一批殿中监的官员，包括殿中监，殿中少监，尚衣、尚舍等局的领导，他们伺候皇帝的衣食住行，站立在皇帝的伞扇之下。

大殿之外，还有各种大将军、中郎将等武职官员，他们佩带武器，既是仪仗队，又是御用保镖。哪个不长眼的官员冲撞了皇帝，就由他们出面摆平。

一切准备就绪，门下侍中会高呼一声：外办！

这个时候，皇帝会从西序门进入大殿。不过，您看不到皇帝的面相，因为他被御扇挡住了。这个出场仪式叫“索扇”制度，发明者是玄宗时期的宰相萧嵩。

萧嵩认为，皇帝是至尊无上的，出场一定要有神秘感，要让大臣敬畏，不能随便让人瞧见。

御扇分很多种，专属皇帝的叫雉尾扇，也是皇权的象征。手持御扇的都是形象俊美的官家子弟，直到皇帝落座，左右各留三把御扇，仪式才算结束。

紧接着，金吾卫将军会大声奏报：左右厢内外平安。

意思就是，军队已经控制了现场，皇帝可以开始工作了。

这个时候，中书省通事舍人会引导文武百官向皇帝行礼，正式升殿上朝。

在电视剧中，扮演这个角色的通常是太监，他们会高喊“有事早奏，无事退朝”，给大臣宣旨的，也是太监。

其实，早朝这么神圣的事儿，怎么可能让太监插手，而且太监通常不识字，古代圣旨生僻字多，又没有标点符号，就凭太监的文化水平，很难准确传递皇帝的意思。

朝堂奏事

官员奏事的时候，也是有讲究的。

《唐会要》记载：旧制，六品以下官奏事，皆自称官号加臣姓名，然后陈事，通事舍人、侍御史、殿中侍御史则不称官号。

意思就是，如果您是六品以下的官员，需要采取“官职＋臣＋姓名”的格式，比如兵部员外郎臣张三，有事上陈或有事上奏。

这是因为六品以下的官员上朝的次数少，皇帝可能不认识，如果贸然奏事，皇帝直接问一句“你是谁啊”，场面就很尴尬了。通事舍人、侍御史、殿中侍御史经常在皇帝跟前晃悠，大家都是熟人，上奏只需称“臣＋姓名”即可。

您可能很好奇，大家聊什么呢？

唐朝初年，常朝是可以畅聊的，某个大臣发起一个话题，除了自己发言，其他大臣可以反驳，争辩。问题在于，朝廷那么多机构，每个机构一件事，还要无限畅聊，一天 24 小时也是不够的。

开元年间，朝廷发布新的规则：军国大事可以当面上奏，日常政务则写在奏折上，递交给皇帝审阅即可。所谓军国大事，就是边境打仗，商讨军事战略，废立太子，册封皇后，或者出台重大政策等。

当然了，军国大事也要先写成奏折，给皇帝提前审阅，让他知道大致情况。皇帝要做的就是主持会议，让大家讨论，形成最终的决议。

如果您要奏事，千万记得言简意赅。毕竟，常朝是每天的晨会，官员下朝之后，还要回到本衙办公，常朝时间越长，代表您的同事就要多加班。代宗年间，朝廷直接规定，每天最多只能有三个大臣奏事，说完就散朝。

别怪皇帝懒散。您想想，如果大唐要对突厥开战，皇帝能公开讨论军事战略部署吗？如果有人泄露机密怎么办？而唐朝真有这样的案例。

因此，每逢这种情况，皇帝就会结束常朝，命百官退出，然后带着宰相讨论军国大事，这也叫“仗下奏事”，贞观年间就有了。

延英殿召对

仗下奏事都是在常朝之后，时间基本固定。如果有紧急情况，朝臣找不到皇帝，肯定要耽误事。尤其是安史之乱后，政局动荡，皇帝经常要找大臣商议政事，而常朝满足不了需求，延英殿召对便横空出世了。

延英殿是宣政殿的西偏殿，很像乾清宫西暖阁。皇帝找大臣，大臣找皇帝，直接约个时间，在延英殿会面即可。晚唐时期，中央对藩镇的战争决策，基本都是在延英殿敲定的。在这里，大家可以各抒己见，不怕泄密，不担心礼仪。有一段时间，甚至达到“无复君臣之礼”的地步。

反过来，如果皇帝把你叫到延英殿商议政事，你说的话却没营养没水准，那么轻则被同僚鄙视，重则被皇帝罢免。

如果您有机会到延英殿奏事，千万记得不要一个人去。大家会以为你是去打小报告，进谗言。别解释，别找理由，这就是规矩，破坏了规矩，换来的只能是朝臣的冷眼和质疑。

朝堂礼仪

朝会是庄严、肃穆的事情，如果有人敢挑战朝廷礼仪，处罚会随之而来。

比如，您是二品官员，却站到了一品官的方阵；您的朝服被桌子刮了一个口子，您却穿着它上朝；您心情不错，要和旁边的同僚分享乐事；帽子戴歪了，象笏拿反了，或者上朝时嘴角沾着早餐的胡饼渣渣。碰到这些情况，御史肯定会弹劾您，然后罚您一个月的薪水。

早朝是必须参加的，如果实在有事，可以找吏部备案，请个事假。如果您觉得上朝的官员很多，别人不会注意到您，您可能就要倒大霉了。第一，朝廷会点名。第二，侍御史、殿中侍御史、监察御史的工作就是找无故旷工的官员。

您只要被发现有旷工现象，一个季度的工资就没了。如果惹怒了某些大佬，随便找个理由把您贬了，也是分分钟的事。毕竟，是您自己不想上朝啊。

《南部新书》记载了一件事："大中十一年贺正，卢钧以太子太师率百僚，年八十余矣。声容明畅，举朝俱服。明年，柳公权以少师率班，亦八十矣。自乐悬南趋至龙墀前，气力绵惫，误尊号中一字，乏一季俸，人多耻之。"

柳公权，唐朝著名书法家。八十岁那年，他以少师身份率领文武百官觐见皇帝。由于路太远，柳公权体力不支，再加上记忆力衰退，在念唐宣宗尊号的时候，竟然忘了一个字。

柳公权德高望重，是朝廷柱石，可以对他网开一面吗？御史告诉您，这是不尊重皇帝的行为，非常恶劣，按照规矩，罚俸三个月吧。

起居郎

皇帝开朝会的时候，起居郎必须到场。

《新唐书・百官志》记载："天子御正殿，则郎居左，舍人居右。有命，俯陛以听，退而书之，季终以授史官。贞观初，以给事中、谏议大夫兼知起居注，或知起居事。每仗下，议政事，起居郎一人执笔记录于前，史官随之。"

起居郎是门下省的官员，起居舍人是中书省的官员，他们同时记录天子的言语和行为。朝会的时候，起居郎站在左边，起居舍人站在右边。

您可能会想，他们是不是有个桌案，坐着记录？

那您想多了，龙椅旁边，若是他人优哉游哉地坐着，皇权威严何在！所以不管是常朝，还是退朝后的仗下奏事，起居郎和起居舍人只能靠彪悍的记忆力，记着皇帝说过的话、君臣议过的大事，下朝之后落实到纸上，这就是传说中的“起居注”。每个季度的末期，他们会把整理的材料交给史官，写成公开的国史。

皇帝辍朝

皇帝每天上朝，确实很累。

有时候，皇帝也会找机会给自己放个假。电视剧中，宦官经常会说，皇帝偶感风寒，今日不上朝。请您相信，这是绝对真实的。

一般而言，皇亲国戚，或者三品以上的高官去世，皇帝可以选择“辍朝”几天。房玄龄去世，李世民辍朝五日。宰相张说去世，李隆基辍朝五日。

如果发生暴雪、暴雨天气，官员们全身湿漉漉的，形象不整，有损朝会的礼仪，伤害皇权的威严，皇帝也会取消朝会。比如“五月戊戌朔，以雨罢朝”“十八年春正月戊午朔，大雨雪，罢朝贺”。

发生了战乱，或者出现日食、月食、彗星等天象，皇帝都可以停止朝会。

官场称呼：“大人”可不能随便叫

上朝的时候，您会看到数十名官员鱼贯而来。既然是同殿为臣，打招呼肯定是不可避免的。这不，兵部侍郎李娃和工部侍郎张大胆刚好碰到了。

李娃：张大人，早安。

张大胆：李大人，今天天气不错啊。

是不是毫无违和感？毕竟，不管什么朝代的电视剧，不管是中央官员还是地方县令，他们的称呼都是“大人”。

还是那句话，电视剧您看看就行了，千万别当真。如果穿越到唐朝，您这么称呼官员，对方一定会吓得肝胆俱裂，冷汗直流。

在唐朝，“大人”是用来称呼父亲的。

您想想，对方听到您这样叫他，还以为您是他的私生子呢。如果碰到爱惜自己羽毛的狠角色，人家说不定会将您拖到僻静之处，一刀结果了您。

说话有风险，称呼需谨慎啊。

混迹大唐官场的人，可选择的称谓其实很多。

第一种是姓加官职。

对方是兵部尚书，您可以叫他“李尚书”；是兵部主事，您可以叫他“张主事”。比如大诗人王维做过尚书右丞，就喜欢别人叫他王右丞，陈子昂叫陈拾遗，李白叫李翰林。如果对方的官职很复杂，而且不好听，比如杜甫做过检校工部员外郎，可以称呼他为杜工部。

如果您的官职是宰相，别人可以称呼您为“相公”。在后世，这个词是妻子称呼自己丈夫的，可是在唐朝，它就可以用来称呼宰相。

第二种是姓加地望。

魏晋时期，官员的社会地位取决于他的家族背景，如果是门阀贵族出身，就会出门走路带风，自带光环。到了唐朝，社会风气也是如此。

比如，您出身河北博陵崔氏，在朝中为官，别人就可以叫您“崔博陵”。韩愈出身河北昌黎县，就有“韩昌黎”的称谓。

唐朝中后期，门阀贵族失去了原有的光环，“姓＋做官地域”的称呼逐渐成为主流。比如柳宗元在柳州做官，就有“柳柳州”的称谓。

第三种是姓加行第。

如果您穿越到某个家庭（也可以是整个家族），有十个兄弟，您排行第八，别人会叫您“八郎”，八就是您的“行第”。在那个年代，不管是皇室，还是官场和民间，都可以用行第来称呼别人。

比如，裴寂在家族里排行第三，李渊就喜欢叫他裴三。白居易在家族里排行二十二，就有白二十二的称谓。

第四种是姓加“公”。

在唐朝，公是对有身份的人的一种称呼。不管对方是宰相，还是尚书、侍郎，叫他一声“张公”“李公”，对方肯定会觉得您是个有修养的人。

第五种是姓加官场雅称。

从汉朝开始，州刺史就有“使君”的雅称，如果遇到州府的一把手，您可以称呼他“刘使君”，不出意外，对方肯定会很高兴的。

比如，县令有“明府”的雅称，县丞有“少府”的雅称。在中央，排名第一的中书舍人有“阁老”的美称。

如果想图简单，可以直接叫“明公”。

身为大臣，面对皇帝，可以自称为“臣”。如果想谦逊一点，可以自称“愚臣”“贱臣”。如果是书面用语，可以用“草莽之臣”“草莽贱臣”。

如果是同事之间，或者对下属，可以自称为“某”“吾”。

在唐朝，人的社会地位有等级，可称呼却不分等级。宰相和下属说话，双方可以自称为某，官员和百姓说话，双方也可以自称为某。

如何称呼别人是一门学问，也有很多雷区。在唐朝，称呼方面最大的雷区应该就是直接叫对方的名字，比如直呼房玄龄、杜如晦。

您想想，活在当今社会，在职场碰到同事，私底下和朋友聚会，当众叫他们的名字，是不是也有失礼貌？更何况在礼仪繁多的古代社会。

正因为如此，历代王朝都有一项超规格的待遇：“赞拜不名”。

啥意思呢？就是您觐见皇帝的时候，会有一位赞礼官说：房玄龄觐见。如果皇帝给您这个特许，赞礼官就不能直呼您的名字，而是叫您的官名。

总而言之，唐朝的称呼太复杂，但也彰显出礼仪之美和对人的尊重。

第六章 在唐朝吃公家饭是一种什么体验？

上朝加班皇帝管盒饭

正常情况下，官员五点钟就要到宫门等候。

起床、梳洗、穿衣、赶路都要时间，算下来，三点钟起床都是正常的。讲究一点的官员，可能会简单吃点早饭，住得远的，可能就饿着肚子去上班了。

当然了，许多官员都是吃的路边摊。比如宰相刘晏，半道上看到卖蒸饼的摊子热气腾腾，忍不住买了几个，边走边吃。

那么问题来了，早朝什么时候结束？

《判曹食堂壁记云》记载：“有唐太宗文皇帝克定天下，方勤于治，命庶官日出而视事，日中而退朝，既而晏归，则宜朝食，于是朝者食之廊庑下。”

李世民是个工作狂，一个晨会可以直接开到中午。问题在于，他有高级软座，而群臣只能饿着肚子站着开会，这是何等的痛苦啊。有理由相信，大殿之中，肚子咕咕叫的声音会此起彼伏，不绝于耳。

员工饿着肚子上班，老板的脸上也挂不住啊。

因此，李世民让有关部门准备了食物（可以理解为订盒饭），放置在大殿外的走廊上。下朝之后，朝臣可以享用一顿工作餐，也叫“廊下食”。

工作餐的标准，因为季节、官员等级的不同，还是有差别的。五品以上的官员和员外郎，可以吃羊肉，标准是三头羊。如果遇到节日，朝廷会多杀一头羊，以示加餐。冬天是汤饼、黄米饭配羊肉，夏天是冷粥配羊肉。

正月初七、三月初三加煎饼；正月十五、正月三十赐糕糜；端午节赐粽子；七月初七赐斫饼（手切饼）；重阳节加糕点；十月初一加黄米羹。

吃惯大鱼大肉的您，可能觉得唐朝的皇帝很抠门，因为这样的工作餐连您公司食堂的水准都够不上。可您要知道，这些食物全部是皇帝自掏腰包，不走中央财政预算。而且，能吃到皇帝赐给的食物，仪式感要远比生理需求重要。

皇帝的工作餐也不是随便吃的，因为要讲礼仪。

比如，您端着餐盘到处溜达，想找某某官员唠嗑，或者几个人聚在一起谈笑风生；您明明是兵部郎中，却跑到了兵部侍郎的餐位。这个时候，御史就要找您谈话了。一顿批评不说，还要扣罚您一个月的俸禄。

唐朝官员的工资本来就高，一个月俸禄还挺可观的。多几个犯傻的官员，皇帝的盒饭成本可能就回来了。官员也不傻，唐朝中晚期，他们不再以吃皇帝的赐食为荣誉，为了逃避被罚的可能，他们经常请假，溜之大吉。

宰相屋里开小灶

廊下食，本质是吃公家饭。自从李世民开了赐食的先例，中央到地方各级机关纷纷效仿，搞起自己的小食堂。标准最高的，当属宰相的“堂食”。

为啥叫堂食？因为宰相办公的地点就叫政事堂。

到了饭点，杂役会收拾好饭桌，将精美的食盘送过来，然后邀请宰相入席用餐。考虑到宰相日理万机，工作繁重，朝廷制定的餐饮级别非常高，吃的是珍馐美味，做菜的都是顶级大厨。

由于就餐环境和配餐水准太高，宰相们都不太好意思。唐高宗年间，宰相们就“以政事堂供馔珍美，议减其料”。

当然，宰相们只是口头说说，朝廷也不会当真，要真减了他们的待遇，舆论会说朝廷不尊重宰相的地位，没有给予足够的重视。

和廊下食不同，宰相堂食的气氛稍显轻松，大家可以聊聊长安城的八卦、自家子女、家乡风土人情等，皇帝是鼓励宰相交流的。

在政事堂吃饭，气氛确实轻松，可是也有很多规矩。

比如，必须等所有宰相全部到齐，方可开席，人没到齐，就得等着。吃饭的时候，不允许百官求见，否则就是对宰相的不尊重。

唐顺宗年间，宰相韦执谊、杜佑、郑珣瑜、高郢在政事堂吃饭，王叔文突然闯了进来，说要找韦执谊说事情。韦执谊想了想，王叔文正得恩宠，仕途光明，于是出门相见。其他宰相只能停止进餐，等待韦执谊的归来。

过了许久，韦执谊还没回来，宰相们询问之下才知道，韦执谊和王叔文正在隔壁房间单独用餐。郑珣瑜觉得这是在侮辱他的人格，于是收拾东西赶回家中，一连旷了七天的班以示抗议，以至于最终被罢为吏部尚书。

在文人眼里，面子大于一切。

各地府衙的小厨房

中央和地方的府衙也都有堂食福利。区别在于，中央府衙占地面积小，无法开辟空间做食堂，只能在办事的公堂吃饭，大家顺便聊聊工作，交流一下感情。地方府衙规模宏大，通常会建自己的小食堂。只说吃饭这点事儿，地方官员确实比中央干部幸福。

您可能很好奇，官府建造食堂，提供盒饭，这是一笔不小的开支，难道也走政府财政预算吗？只能说，皇帝们比猴子还要精，他们知道公款吃喝就是个无底洞，就算富可敌国，也经不起官僚集团的挥霍。

《判曹食堂壁记》记载："遂命其余官司，洎诸郡邑，咸因材赋，而兴利事。取其奇羡之积，以具庖厨，谓为本钱，杂有遗法。"意思就是，财政部门会拨付启动资金作为食料本钱。如果是中央机构，负责发钱的是尚书省户部。比如，中书省、门下省、集贤院的本钱是一千贯，尚书省六部、鸿胪寺、国子监、秘书省是数百贯。如果是地方，就由州府发钱。

各衙门拿着这些钱去贷款收息，或者经营产业，把盈余的钱充作伙食费。是吃山珍海味，还是吃萝卜酱菜，就看各衙门赚钱的能力。如果每年有多余的伙食费，财政部门不会没收，全凭各衙门自己处理。

朝廷不遗余力地推行公共食堂，自然有其道理。

其一，除了日常俸禄，公共食堂算是额外的福利，对薪酬不高、生活压力较大的基层官员而言，这绝对是提高他们忠诚度的法宝。

其二，对官僚集团来说，饭局永远是联络感情、交流信息的最好渠道。官员变成了熟人，跨部门办事的效率会大大增加，对朝廷统治也是有好处的。

朝廷的想法是好的，可现实却很骨感。

您想想，放贷收息、经营产业属于商业行为，需要灵敏的商业头脑，官员的脑子够用吗？显然大部分不够用。而且，这个生意经营得好，无非是帮助大家改善伙食，但毕竟不是升官的考核指标，谁愿意卖力？再者说，朝廷没有制定纪律，这笔钱放出去，怎么监督它的投资，怎么回收，都是问题。因此，血本无归是常见的事儿。

没有饭吃，各衙门只能找上级领导补助。元和二年，集贤院大学士武元衡找皇帝要了一千贯，充作伙食费；太和元年，殿中省尚食局找皇帝要了两千贯……说来说去，皇帝才是最终埋单的人。

第七章

享受唐朝官员的福利待遇是一种什么体验？

大唐的高官，上班时与皇帝指点江山，挥斥方遒；下班后和同僚好友激扬文字。不过，如果晚上回到家，您的管家婆可能会来这么一句：“郎君，您在外面潇洒没问题，可家里快要揭不开锅了，明天是不是去领一下俸禄？”

咦，俸禄难道不是工资吗？不应该发到工资卡里吗？

如果您这样想，那就大错特错了。

禄米：流传百年的薪酬

作为朝廷命官，您可以获得“禄米、土地、俸钱”三项常规待遇。作为体制内的官员，自然还有其他的福利。比如，皇帝会赐给您杂役、食料、金银器、布帛、木炭等。总而言之，让您的生活体面，而且品质高。

禄米，也就是粮食。

在唐朝，粮食主要包括稻米（稻）、小米（粟）、豆子（菽）、小麦等，其中稻米的口感最好，而且已经成为主要的口粮。

朝廷发放粮食，自然是美事一件，可官员们也很烦恼，因为粮食沉重，不方便保存，而且流通不是那么方便。

以唐高祖李渊的年代为例，正一品官员（荣誉官职，地位超然）禄米为七百石；正二品官员如尚书令禄米为五百石；正三品官员如兵部尚书、中书令、门下侍中禄米为四百石；正四品官员如中书侍郎、尚书左丞禄米为三百石；最低级别的从九品官员禄米为三十石。

根据《中国科学技术史·度量衡卷》推算，唐朝一石粟米约 42 公斤。也就是说，一品官员需要搬运 58800 斤禄米，从九品官员需要搬运 2520 斤禄米。这还是在唐朝初年国家很穷，李渊曾下调过官员待遇的情况下。如果回到隋朝做官，需要搬运的禄米会更多，那是何等的痛苦啊。

唐朝初年，京官的禄米存储在长安城西北的太仓（凡京官之禄，发京仓以给之）。到了发工资的日子，长安的官员们开始热火朝天地准备着驴车，带上家里的杂役前往太仓排队，然后将大山一样的粮食搬运回家。看到这种场景，您可能就会明白“天下熙熙皆为利趋”的生活内涵了。

提醒您注意，唐朝初年，官员的俸禄是一次性全部发放。

也就是说，您需要准备一个庞大的车队才能把禄米带回家。有句话说得好，官做得越大，担子就越重，烦恼也就越多，其实就是这个道理。

这还没完，粮食运回家里，总得找地方存储下来吧。因此，官员们只能扩建房屋，官做得越大，房子就会造得越大。在现代的电视剧里，我们经常看到高级官员的府邸总是很气派，除了给家人住、讲究门面上的气派外，其实还有存储粮食的实际用途。

那么问题来了，为什么不给官员直接发钱呢？

咱们能想到的，古代的统治者都能想到。不发钱财，是有客观历史原因的。

主要原因：唐朝以前，货币是辅助工具，粮食才是硬通货。

古代的生产力很低，对金属的开采能力有限，没有足够的铜和银，就无法铸造足够多的货币，钱币想要顺畅地流通很困难。因此，从秦朝开始，官员的工资全部是禄米，虽然有少许钱财，可都不属于正常的俸禄。

南北朝时期，货币经济确实有点起色。不过，三年一小仗，五年一大仗，以至于人口锐减，最直接的后果就是粮食成为人人抢夺的稀缺物品。在战争年代，粮食比钱财重要，这是最基本的常识。因此，可以这样说，历史发展的轨迹决定了一个事实：在流通环节中，粮食打败了货币，占据了主导地位。

这种情况一直持续到唐朝初年。

在唐朝，钱财可以买到东西，可粮食才是王道，如果你把粮食扛到街上，照样可以换取布帛、食盐、茶叶等生活物资。如果用一句话形容唐初的经济，那就是实物和货币的双轨制运行。

次要原因：货币太少，不够用。

假设一种场景，您是唐太宗李世民。

有一天，河北道行军总管府打了个报告，说他们需要军费，您能千里迢迢地给他们送几十万石粮食去吗？就算您征调几万个男丁，费尽九牛二虎之力，将粮食送到河北，将士们能答应吗？难道让他们背着粮食去打仗，或者说，将士们把粮食运回老家，充作他们家人的生活费吗？很显然，这是荒谬绝伦的事情。

说白了，国家必须留着现金，作为军队的开支。

有一天，尉迟敬德、程咬金等人征战归来，您作为皇帝，必须赏赐他们。于是，您突然蹦出一句话：传旨，给他们每人赏赐五万斤粮食。

可以想象，尉迟敬德、程咬金一定会在心里骂人。因为这样的赏赐就是逼着他们每天去街上兜售粮食。

所以，皇帝必须留着钱财，时常发放赏赐，树立自己的威信。隋朝末年，瓦岗军领袖李密就是因为没有钱财奖励小弟，最终爆发了严重的内讧。

还有一个原因：货币是个好东西，但需要统治者控制。

毕竟，钱能买到一切，也能腐蚀人心。

作家贺清龙编过一本名叫《中国历史十大贪官》的书，里面记载了十位超级贪官：东汉的梁冀、西晋的石崇、唐朝的李义府、北宋的朱勔、南宋的贾似道、元朝的阿合马、明朝的王振、明朝的刘瑾、明朝的严嵩、清朝的和珅。

对于贪官排行榜，读者可能有不同的看法，可有一个事实不容置疑：十位巨贪中，七位出自唐朝之后的政权。梳理中国历史，每个朝代都有贪官，可数据告诉我们，货币经济越发达，国家的财富越多，越容易滋生超级巨贪。抛开制度、文化的因素，钱财确实是腐蚀人心最直接、最有效的工具。

如果您穿越到唐朝，请记住：一定要做京官，不要做地方官。

以唐朝初年为例，朝廷只给京官发禄米，地方官员没有这个待遇。如果您是某县的县令，别指望皇帝给你发禄米，只能从其他渠道捞钱养活家人。

为什么会有这种现象？

归根结底两个原因：一是国家一穷二白，拿不出这么多粮食；二是统治者重视中央政府，轻视地方官员。

听起来很难接受，但这就是唐朝初年的现实。

632年，中书舍人高季辅给李世民上奏，说地方官员级别低，还没有薪水，已经到了“饥寒切身”的地步，还是要给禄米（外官卑品贫匮，宜给禄养亲）。

李世民想了想，地方官员没米下锅，养活不了家人，哪还有心思为朝廷办事啊，因此这才下诏，开始给地方官员发禄米。

即便如此，同一级别的地方官员和中央官员，待遇还是有差别的。比如，四品地方官员只能拿五品中央官员的禄米待遇，您说这多气人！

待遇低也就罢了，地方官员的俸禄来源也没有保障。

在长安做官，太仓的粮食储备绝对是足够的。至于州府的正仓，因为经常被朝廷征调，空空如也是常态。

事实上，一直到中晚唐，地方官的待遇都是不如长安的官员的。

开元时期，扬州官员班景倩升任大理寺少卿（最高法院副院长），进京的路上刚好经过好友倪若水的地盘，倪若水到郊外为他送行。有趣的是，班景倩离开之后，倪若水羡慕嫉妒恨，情不自禁地感叹道：“这小子去长安当神仙了，我恨不能做他的车夫啊。”由此可见，中央官员的地位和待遇有多高。

在唐朝，官员的禄米是可以浮动的，其性质堪比后世的年终奖。至少在贞观年间，李世民经常考核官员的成绩，如果得到上等考核，可以得到三个月禄米的奖励，后来上涨到一年禄米的奖励。也就是说，只要你成为优秀员工，就可以获得额外的禄米奖励，如果表现平凡，那就只有羡慕别人的份儿了。

分田到户：租子也是现金流

当然，作为公务员，只有禄米肯定是不够的。

我们可以算一笔账，一个九品官员，配备一个随从，娶两个老婆，生两个孩子，再豢养四个奴婢，就是一个十口之家。2520 斤的粮食，分到每个人头上，每人每天只有 0.7 斤，连日常的温饱也无法满足。如果算上请客吃饭，购买美酒、食盐、茶叶，置办衣服鞋帽，社交礼金等方面的开支，这个家庭的经济直接就崩溃了。

官员连家人都养不活，还怎么给朝廷办差？

皇帝考虑到这个问题，因此想了个办法：赐给土地。

土地分为两种，一种是职分田，一种是永业田。

职分田，主要分给职事官，也就是办理政务的官员。如果您只是散官（开府仪同三司、光禄大夫等）、勋官（护军、轻车都尉等），对不起，没您的份儿。

按照制度，一品官员职分田有 12 顷，二品 10 顷，三品 9 顷，四品 7 顷，九品 2 顷。

打个比方，你是中书侍郎，官居正四品，可以分 7 顷土地。按照《新唐书·食货一》的记载，1 顷等于 100 唐亩。

换算下来，中书侍郎可以获得七百亩的职分田。当然，中书侍郎不会亲自下地干活，他会将土地交给佃农，定期找他们收租。在唐朝，肥沃的土地，亩产一般是两石，贫瘠的土地可以收获一石粮食。考虑到官员要分稍微肥沃的土地，然后按照六斗/亩（1 石=10 斗）的标准找佃农征收粮食，换算下来，一个正四品的中书侍郎靠分得的 7 公顷职分田，可以获得 420 石的粮食。这笔收入，已经超过了皇帝给他的禄米。

只要你还是朝廷的官员，你就是职分田的主人。当然，如果你退休了，或者被贬为老百姓，朝廷就会收回你的职分田，交给下一任官员打理。

永业田，就是您的私人田产，是国家赏赐给您的。如果您去世了，永业田可以传给儿子，永世继承下去。

按照制度，正一品官员永业田有 60 顷，从二品 35 顷，正三品 25 顷，正四品 12 顷，八品、九品各官员 2 顷。

一般来说，永业田会拿来种植榆树、枣树、桑树等作物，满足衣服、水果等方面的需求。如果种植得好，可以拿水果去卖钱，换成实物货币。

在唐朝，永业田可以公开买卖。如果你缺钱，可以拿田换钱；如果你有钱，可以收购永业田。我们常说的土地兼并，指的就是永业田的交易。

关于分田，说的都是最理想的状态。现实就是，朝廷官员的更新和淘汰很频繁，皇帝不可能完全按照制度执行。有时候，朝廷没有多余的田地，就会折算成粮食。标准是每亩地给二斗粟（凡给田而无地者，亩给粟二斗）。

现金收入：朝廷靠放贷筹钱

那么问题来了，朝廷还会给官员发放现金吗？

如果兵部侍郎今天想买点食盐、茶叶，于是扛着麻袋上街吆喝；明天想上街打点酱油，于是推了一车稻米去杂货铺；老婆和小妾需要买胭脂，小推车又出门了；晚上和文人雅士搞个聚会，酒肆门口摆满了粮食……

这样的生活，该是何等痛苦啊。

贞观年间，李世民的日子过得也很苦，虽然手上有点现金储备，可是需要拿来用于供养军队、皇室消费、赏赐官员。至于官员的日常俸钱，李世民表示，这个待遇肯定是有的，但是不能拿国库的钱直接开销。

为了给官员筹钱，李世民想了个办法：放高利贷。官方高大上的说法叫“公廨本钱”。

操作主体：京城各司的令史。

令史就是胥吏，是政府办事人员，非领导岗位，和官员有本质的区别。比如尚书省兵部的职方令史、书令史等。鉴于他们都有同样的工作任务，李世民取了个高大上的名字：捉钱令史。通俗的名字其实就是信贷员。

操作编制：每个司只有九名编制。

操作规则：捉钱令史找官署领取五万钱（约 50 两银子），也就是他们的活动本金，每个月向官署缴纳利息就可以了。

至于捉钱令史怎么捞钱，完全靠他们自己的智慧。

比如，他们可以在民间寻找“有诚信、有眼光、有生意、无本钱”的商人，然后双方签订契约，在规定的时间收回本金和利息。当时，市场的年化利率基本能达到 60%~70%，只需要一年多的时间，朝廷的钱财就可以翻倍。

比如，信贷员有了本金，可以自己做点小买卖。在那个年代，有官方背景，就有了强买强卖、破坏市场规则的能力，牟取暴利就是小儿科的事情。

再如，如果你觉得前两种办法很麻烦，完全可以自掏腰包，上缴利息。

说白了，性质等同于卖官鬻爵。

在那个年代，胥吏很难升官，除非领导特别赏识，或者做出了突出的成绩。如今有了晋升的渠道，胥吏砸锅卖铁，或者和商人勾结借贷也在所不惜。

在缺钱的年代，信贷员的回款贡献是有目共睹的。

怎么说呢，70% 的利率只是平均水平，不是业务精英的水平，为了培养理财小能手，李世民下达了一个指标：只要能完成每个月4000钱的利息收益（年化利率达到96%），而且一年后收回本金，就由吏部登记在册，给他们授予官职。

效果是显著的，一年多时间，就有六百多个信贷员晋升为国家官员，充斥在七十多个政府部门中。我们可以算一下，每个部门九个编制，七十多个部门，刚好是六百多个信贷员。也就是说，只要获得信贷员的资格，您就会想尽办法完成李世民的业绩指标，然后晋升为官员。

这样一来，就有两类人很讨厌他们的存在：一类是十年寒窗苦读的学生，信贷员不经过考试就能做官，那自己的奋斗还有什么意思？另一类是既得利益者，作为门阀子弟，却和信贷员同朝为官，这是很掉面子的事。

谏议大夫褚遂良满怀怨愤，悍然上奏道：朝廷开科取士，尚且有知法犯法的人，更何况这些无耻的市井之徒，绝不能让他们入朝为官。

李世民是个信奉实用主义的皇帝，谏臣的话，李世民愿意听，可信贷员是不是要存在，还是由李世民说了算。至少在贞观一朝，信贷员活得很滋润。

信贷员这个职业，不仅中央政府有，地方政府也有。操作模式基本相同，不同的是，地方信贷员没有晋升的资格。

到了唐高宗李治一朝，官员的工资待遇有了明显的改善。

比如，官员的现金收入稳定下来。

再如，取消年薪制度，改成月薪制度。官员们不再苦哈哈地盼望着一年一度的“领薪”盛典，而是每个月都有入账，生活有了保障，也有了些仪式感（详见下表）。

品级	月俸	餐饮补贴	杂用
一品	八千	一千八百	一千二百
二品	六千五百	一千五百	一千
三品	五千一百	不详	九百
四品	三千五百	不详	七百
五品	三千	不详	六百
六品	二千	不详	四百
七品	一千七百五十	不详	三百五十
八品	一千三百	三百	二百五十
九品	一千零五十	二百五十	二百

（单位：文）

公元 664 年，一斗米的价格是五钱，一石米的价格是五十钱。

还是拿中书侍郎为例，待遇如下：禄米 300 石，职分田租子 420 石，现金收入换算成粮食大约是 1008 石，总收入约 1728 石，基本能满足家庭的开支。

还有一种有趣的算法，将官员薪酬折算成现今的人民币。

1728 石是 145152 斤（一石等于 84 市斤），按照大型超市 2.5 元 / 斤的大米价格，年薪大约是 36.3 万元。同样的粮食，折合唐代白银 86.4 两（一斗米五文钱）。如果折算成唐代白银的购买力，一两唐代白银大约是 4200 元人民币。

这种算法是一种估测，核心逻辑是只看官员获得的粮食重量。

如果要看现金收入，就要假设市场比较稳定，比如粮食价格稳定在 5 钱 / 斗，如果发生在战争时期，出现了通货膨胀，现金收入就很难看了。

现实就是，经济波动是一种常态，每个时期官员的生活水平，自然也要跟着经济的波动而变化，而且是那种非常闹心的变化。

唐朝初年，官员拿到手的是粮食，基本可以管饱。

高宗时期，实物工资和货币工资可以达到一比一。

高宗永徽五年（654 年），粟米的价格是 2.5 钱 / 斗，这也意味着官员货币工资的购买力是贞观年间的两倍。

代宗大历十二年（777 年），粟米的价格是 80 钱 / 斗。

钱，开始贬值了。

德宗贞元八年（792 年），粟米的价格是 200 钱 / 斗。

武宗会昌三年（843 年），粟米的价格是 1000 钱 / 斗。

蝗灾、旱灾、水灾和战争，还有漕运困难，任何一个因素都会让粮食价格飙升。另外，官员的货币工资却雷打不动，最终的结果就是钱变得不“值钱”。

钱变得不“值钱”了，不光是我们现代人的烦恼，唐朝官员和百姓更烦恼。我们的货币贬值，是有规律可预见的贬值，只要合理地调配开支，还可以支撑过去。

唐朝官员呢？说不定闹一场蝗灾，一年的工资就白发了。

唐穆宗时期，有位官员叫薛放，做过刑部侍郎、兵部侍郎，后来晋升为礼部尚书，就因为清廉耿直，不善敛财，最终让家庭到了破产的边缘（孤孀百口，家贫每不给赡，常苦俸薄。放因召对，恳求外任）。

安史之乱后，粮食价格一直居高不下，官员普遍较穷。至于解决办法，通常是申请调任地方官，因为中晚唐地方官员权力较大，收入也比较丰厚。

最著名的调官申请，就出自大诗人杜牧的手笔。

杜牧，京兆府万年县人，首都户口。据史料记载，杜家在长安的安仁坊有一片祖宅，大约三十间房，几个兄弟住在一起。杜牧做过京官，也做过地方刺史，哥哥杜慥也是朝廷的县令，唯独弟弟杜𫖮身体有残疾，卧病在家。两个哥哥拼命拉扯，也只能让杜家维持在温饱线。

元和年间，粮价上涨，杜牧兄弟经济困难，只能靠借高利贷度日，后来利息到期，杜牧兄弟无奈，只好含泪变卖了住宅，在长安租房过日子。

杜牧兄弟性格耿直，不善变通，一直玩不转官场。哥哥杜慥还因此弄丢了官职，以至于失去经济收入。这样一来，养家的重任完全落到了杜牧的头上。

杜牧很是头疼，因为每个月发完工资，要先给弟弟寄钱，再给哥哥分点生活费，再还上个月的借款，剩下的钱交给妻子，作为自家的生活费。

这样的日子，持续了很长时间，杜牧无比痛苦。大中三年（849 年），杜牧担任吏部员外郎，官居从六品。吏部员外郎是中央组织部的官职，权力很大，待遇却很一般。杜牧权衡了一下，照这样干下去，杜家恐怕就要满门饿死了。

于是，杜牧厚着脸皮给宰相写了一封信——《上宰相求杭州启》，里面写道：“某一院家累，亦四十口，狗为朱马，缊作由袍，其于妻儿，固宜穷饿。是作刺史，则一家骨肉，四处皆泰；为京官，则一家骨肉，四处皆困。”

杜牧各种哭穷，哭诉自己家庭困难，希望求得领导的照顾。言外之意，杜牧想调到杭州做官，因为那里富庶。不过，宰相没搭理他。

杜牧想了想，杭州遍地油水，领导凭什么给他安排啊。

于是，杜牧又接连写了《上宰相求湖州第一启》《上宰相求湖州第二启》《上宰相求湖州第三启》，退而求其次，去二线城市湖州吧。

在信里面，诸如“凡十徙其居，奴婢寒饿，衰老者死，少壮者当面逃去，不能呵制”“长兄以驴游丐于亲旧，某与弟颉食野蒿藿，寒无夜烛”“无俸禄之气势，食不继月，用不给日”“沥血披肝，伏纸迸泪，伏希殊造，或赐济活，下情无任恳悃惶惧之至”的句子，比比皆是，完全是祈求的姿态。

第三封信寄出去后，领导终于答应了杜牧，让他去湖州做了官。毕竟，杜牧的家境贫寒是客观的，让知名诗人活活饿死，朝廷会很丢脸的。

在唐朝，做官能发家致富吗？

只能说，要是腹黑心狠，肯定是能捞钱的，不然贪官从哪里来？

但是薪酬制度的设计，还有客观的经济和社会情况，确实让唐朝初年的地方官和中晚唐的中央官员日子很艰苦。在庞大的官僚集团中，最悲剧的就是低薪酬的基层官员，以及恪守本分，不愿贪污受贿、中饱私囊的官员。

乱世之中，官员可以接受不体面的生活环境，但绝不会允许自己和家人活活饿死，这是人的生存本能。因此，大量的官员贪污受贿，压榨百姓，或者游走在法律边缘，或者出卖自己的尊严，祈求领导照顾，从而获得晋升。

这，就是晚唐的官场百态。

防合庶仆：银子不够人来凑

打开您的电视机，刚好在播放一部唐朝的历史剧，您看到兵部尚书出行，身边有大批的“警卫部队”，还有很多随从，队伍浩浩荡荡，场面隆重壮观。

很遗憾，您被忽悠了。

在唐朝，皇帝确实给官员配备了警备人员和随从杂役（详见下表）。

品级	随从配备
一品官员	警备人员九十六人
二品官员	警备人员七十二人
三品官员	警备人员四十八人
四品官员	警备人员三十二人
五品官员	警备人员二十四人

续表

品级	随从配备
六品官员	随从杂役十五人
七品官员	随从杂役四人
八品官员	随从杂役三人
九品官员	随从杂役两人

官方对警备人员的称呼叫“防合”，对随从杂役的称呼叫“庶仆”。

可是您要知道，这只是朝廷给官员的一种福利编制，至于警备人员和随从杂役从哪里来，那就另说了。总而言之，朝廷不会给您配备到位的。

身为唐朝的百姓，每年都需要服役，其中有种叫“色役”，也就是给朝廷官员、王公贵族打杂。如果您是官宦子弟，基本都是给亲王、郡王等权贵站岗，或者做他们的办事员；如果您是老百姓，高级点的做警备人员，低级点的就只能给人家看大门，打扫卫生等。这帮人是义务服役，没有任何工资。

张三，作为长安郊外的一名百姓，他很抗拒这份工作。

第一，没有任何工资，纯属拿自己的时间为别人服务，很不划算。

第二，身为警备人员，需要做领导的炮灰，可能有生命危险。

第三，秋天到了，家里的麦子需要收割，可家里只有他一个男丁，如果没人下地干活，只能任由麦子烂在地里。悲剧的是，这样的农活还有很多。

第四，老二马上就出生了，可身为父亲，却无法见证这一神奇时刻。

瞧瞧，如果是正常的百姓，恐怕都不愿意干这活儿。

问题是，这是朝廷的徭役啊，你根本无法逃避。于是，百姓只好自掏腰包，来冲抵“色役”。官方的说法叫“力课”。官府不仅鼓励这种行为，还制定了童叟无欺的价格：交够 2500 文钱，这项义务就给您免了。

换句话说，所谓的警备人员、随从杂役，在朝廷设计的游戏规则下，其实变成了官僚集团的一种工资收入。至于买单者，自然是普通老百姓。

休假：上一百天班，休两百天假

如果您穿越到了唐朝，做了兵部侍郎。

有一天，您对同事说："嗨，周末有空吗，一起去打马球？"同事肯定会翻个大白眼，奇怪地问一句："周末是什么？"

瞧瞧，这就是历史代沟，因为唐朝是没有周六、周日的说法的。做了唐朝官员，就要入乡随俗，知道他们的休假规律。

先说法定节假日，顾名思义，雷打不动的假期。

节日首推元旦。元旦为何要放假呢？因为元旦是新年的第一天，元就是"开始"的意思，旦是个象形字，上面是太阳，下面是地平线，太阳从地平线升起，象征着生机勃勃。古人崇拜自然的轮转规律，对新年的来临尤为敬重，因此举国欢庆，以示重视。

夏朝的时候，农历一月（元月）一日是元旦，商朝的时候，农历十二月（腊月）一日是元旦，周朝的时候，农历十一月（冬月）一日是元旦。直到汉武帝时期，刘彻大手一挥，将一月一日定为元旦，后来延续到现今。

唐朝规定，每逢元旦，放假七天，年前三天，年后三天。

再如冬至，农历十二月二十一日，或者二十二日，不固定。

冬至这一天，阴气（也就是寒气）到达顶峰，阳气开始出现，象征着万物复苏，下一个节气循环的开始。按照老祖宗的说法，冬至是个超级吉祥日，因为在农业社会，老百姓吃饭完全看天，冬至的来临，意味着地气开始变暖，他们的生活就有了保障。想想看，老百姓的日子变好了，统治者能不开心吗？

祖先们都是朴素的，每逢美好的事物，都要隆重地庆祝一番。比如从汉朝开始，只要到了冬至日，就会举国放假，朝廷出钱出力举办隆重的“贺冬”典礼，文武百官也可以随意走动拜访，俗称“贺冬”。

在古代，冬至的地位甚至超过了元旦。

在唐朝，官方给了七天假期，节前三天，节后三天，简直太爽了。

再说说寒食节和清明节。

相传，春秋时期，晋国发生内乱，公子重耳为了躲避灾祸，流亡他国长达十九年，大臣介子推始终不离不弃，追随左右。后来，重耳绝地反击，最终成为一代明君晋文公。重耳发达之后，打算重用介子推，可这位老兄不给面子，最终决定和母亲归隐绵山。说白了，介子推就是信不过重耳，害怕兔死狗烹的结局。

只能说，介子推的眼光确实毒辣，看穿了重耳腹黑、毒辣的人品。

为了逼迫介子推出山做官，重耳下令放了一把大火，结果将介子推烧成了灰烬。人死神灭，重耳又想起了介子推的忠诚，于是将他葬在绵山，修祠立庙，下令在介子推位列仙班的日子禁止烧火，这就是“寒食节”的由来。

不过，寒食节除了人文渊源，还有更深的祭祀渊源。

古时候，每逢春季到来，气候就变得干燥，老百姓保存的火种很容易引发火灾，频繁爆发的春雷也容易引起森林火灾，这可是要命的事。

在朴素的世界观里，这都是自然神灵造成的，最好的解决办法就是祭祀。于是，每逢春季，老百姓就会将上一年保留的火种全部熄灭，吃几天的冷食，然后再重新取火，作为新一年生活的起点。

总而言之，远古时代就有了寒食的习俗，而重耳和介子推的一场恩怨，最终将这个习俗定在了寒食节，也就是清明节的前几天。

到了唐代，基本上是寒食节熄火，清明节重新开火。唐代诗人韦庄写的一首诗可以为证：“寒食花开千树雪，清明火出万家烟。”

在唐朝，官方规定：寒食节和清明节一起放四天假。

唐朝的节假日是非常多的，《唐六典·卷二》中对法定节假日有非常详细的记载：

节日名称	农历时间	放假天数
元旦	1月1日	7天
人日①	1月7日	1天

① 正月初七相传是女娲造人的日子，故称“人日”，是古代传统节日。不过，并不确定唐朝官员在正月初七放假一天是否因为人日。

续表

节日名称	农历时间	放假天数
元宵	1月15日	1天
立春	2月3—5日	1天
春社	立春之后的第五个戊日	1天
—	2月8日	1天
上巳节	3月3日	1天
春分	3月19—22日	1天
寒食和清明	4月5日前后	4天
佛诞	4月8日	1天
立夏	5月5—7日	1天
端午	5月5日	1天
夏至	6月20—22日	3天
七夕	7月7日	1天
中元节	7月15日	1天
立秋	8月7—9日	1天
秋社	立秋之后的第五个戊日	1天
中秋	8月15日	3天
三伏	7—8月	各1天
重阳	9月9日	1天
秋分	9月22—24日	1天
—	10月1日	1天

续表

节日名称	农历时间	放假天数
立冬	11 月 7—8 日	1 天
腊八	12 月 8 日	3 天
冬至	12 月 21—23 日	7 天

此外，每旬（每十天）各有一天假期，每月晦日（大月的三十，小月的二十九）各有一天假期。

除此之外，还有田假十五天，休假时间是五月份。这个时间是春夏之交，农庄、田里的事情很多，需要官员亲自去处理。皇帝大手一挥，去干农活吧。

还有授衣假，十五天，休假时间是农历九月份。

《诗·豳风·七月》记载："七月流火，九月授衣。"

到了九月份，天气逐渐寒冷，家里的妇人刚刚织完新衣服，到了衣服换季的时候。瞧瞧，老祖宗们轻飘飘地说了一句话：九月份天冷，需要加衣服了。于是乎，后世的皇帝秉承老祖宗的意思，特批了十五天授衣假。

这就是文化的力量，这就是对文化的尊重。

陛下，咱得回家祭祀祖宗啊，有假期没？

这个必须有，春、夏、秋、冬各一次，每次放四天。

哎，我的父母年过七旬，特别想回家看看他们。

皇帝表示：你奉行孝道，这是好事啊，朕批了。

如果您的父母远在三千里之外，每三年给一次探亲假，三十五天；如果您的父母远在五百里之外，每五年给一次探亲假，十五天。

您可能会问了，三千里地，来回得花多少天？

对不起，皇帝已经帮您考虑到了，三十五天假，不包括路上耽搁的时间。如果您愿意，可以一路游山玩水，优哉游哉地回家休一个长假。是不是很爽？

您要结婚了，皇帝给您九天婚假。

您的至亲要结婚了，皇帝给您五天假期。

如果父母、亲戚去世，还可以休丧假，这里就不细说了。

还有一种特殊情况，如果官员调任，是有“装束假”和“程假”的。

“装束假”就是收拾行装的时间，“程假”就是赶路的时间。至于假期长短，根据调动的距离而定。在唐代，如果官员跨区调动，意味着你可以休一个很长时间的假期。去哪里，见什么人，您自己说了算。

长庆四年（824年）八月，大诗人刘禹锡从夔州（今重庆市奉节县）调到和州（今安徽马鞍山市和县），先后游览了岷江、洞庭湖、夏口。眼看着就要到目的地了，好朋友崔敦诗给他写了一封信，说自己刚刚被罢相，在宛陵工作。

刘禹锡二话不说，直接骑着小毛驴绕到宛陵（今安徽省宣城市），和好友游山玩水，宴饮了一番。这一次调动，刘禹锡玩了两个多月的时间。更有趣的是，由于玩得很尽兴，刘禹锡还把自己的旅游见闻写了下来。

刘禹锡表示，自己根本不怕吏部的官员去查他。

好了，算一下唐朝官员的假期吧，法定节假日、祭祀假、田假、授衣假，这就有了一百四十多天的假期。如果赶上自己结婚，职务调动，或者探亲，就可以有两百多天的假期，这是多么美好的生活啊。

老天爷，用一道神雷把我劈到唐朝做官吧。

调侃归调侃，唐朝官员有这么多的假期，充分说明两个问题：对社会伦理的尊重；对自然和人性有足够的尊重。

退休：岗位干到老，到死退不了

不管工作，还是做官，最终的结局都是退休。

中国古时候，退休的别称有很多。比如，周朝的说法叫“致仕”“致事”“致政”，意思是把官位和俸禄都还给国君。春秋的时候，大家想了个文雅的名字，叫“乞骸骨”。至于“退休”的说法，最早就出现在唐朝。文学家韩愈的《复志赋序》里，就有“退休于居，作《复志赋》”这么一句话。

唐朝时，国家规定了法定的退休年龄：七十岁。

唐朝皇帝的平均年龄只有四十几岁，民间百姓平均寿命也只有五十岁左右（如果算上战争或者夭折的话，唐朝的平均年龄只有二十七岁）。古人能活到六十岁，朝廷就要给予特殊对待，比如送粮食送水果，保证他的日常生活；如果活到七十岁，就会封赏官职或荣誉头衔；如果活到八十岁以上，那就是国家的珍稀物种，必须责令地方官员严加保护，视为一县之宝。

七十岁的退休政策，已经远远超出了唐朝百姓的平均寿命。

没办法，国家培养一位官员不容易，尤其是优秀的官员，必须在多年的宦海生涯中积累阅历和经验，堪称越老越值钱，国家必须尊重这个规律。可人到了七十岁，耳不聪，目不明，思维不清晰，说话容易惹皇帝生气，这也是现实。无数的皇帝总结经验，七十岁退休确实是个最合适的政策。

也就是说，只要没有犯错被贬，或者赶上血腥的政治斗争，或者自己想提前退休养老，您就可以一直做朝廷的公务员，一直到死。

当然，如果您是德高望重的国家柱石或者名臣，比如狄仁杰这样的，退休之后可以被朝廷返聘，做政务顾问。意思就是，皇帝如果顾得上你，就会拿政务去问你；如果顾不上，您继续享受这份荣誉就行。

如果是五品或者五品以上的高级官员想要退休，必须给皇帝写个辞职报告。身体疲乏不堪，想种菊南山，想去看看这个世界，都是辞职的好理由。至于皇帝批不批准，那是另外一回事儿。如果您是五品以下的官员，只需要给尚书省的大佬写一封辞职报告，领导批准即可。

好了，辞职报告已经通过，您最关心的就是辞职后的待遇吧。

唐朝规定：有功之臣，蒙天子恩典，可得全禄；五品以上官员退休，可得半禄；六品以下的官员退休，则赐给一定数量的田地养老。

比如李靖这样的开国功臣，退休后继续拿全额的工资，李世民还给他赏了一匹布帛、两匹马，赐了一根典藏版的灵寿木手杖。

五品以上的高官，可以拿原先禄米的一半，作为退休金。国家发米，一来是保障贫寒官员的生活，二来是对官员的一种价值肯定。没有退休金的官员，国家会分点土地，再加上永业田的收入，足够退休官员过着闲云野鹤般的日子。

到了宋朝，官员的退休待遇到达历史的巅峰。

如果您是四品官员，退休之后继续保留官职，继续拿着原来的俸禄，如果有皇帝的恩典，您还可以享受三品官员的待遇。唯一不同的是，您不再享有实权。如果有机会穿越到古代，记得一定要穿越到宋朝。

到了明朝，官员致仕是没有任何退休金的。如果朝廷发现您太清贫，以至于家里揭不开锅，可能象征性地发放点儿慰问金，不让您饿死。

到了清朝，国家继续保持明朝的退休制度，而且将退休的年龄提前。也就是说，您可能五十岁或六十岁就已经退休了。因此，明朝和清朝的官员为了保障退休后的生活，基本上能贪就贪。

“三年清知府，十万雪花银”，这句话真不是空穴来风。

第八章
穿正版唐装是一种什么体验？

皇帝也不能乱穿衣服

有些电视剧里，皇帝可能只有三件衣服，上朝的时候穿一件龙袍，在后宫里穿一件高级便服，微服私访的时候穿一件平民服。一整套剧演下来，皇后娘娘都不会给老公置办新衣服，这就有点离谱了。

不过我们也不用苛责导演组不尊重历史，如果真的按照古代帝王的标准来给剧中的皇帝置办衣服，制作成本可能就要飙升了。

做唐朝的皇帝，衣柜里至少要准备十二套高级服饰，而且还不能乱穿。

服饰	功能
大裘冕	祭拜天地神祇的时候穿
衮冕	祭祀天地、祭祀家族宗庙、大将出征典礼、凯旋典礼、庆功宴、皇帝登基大典、皇帝成人冠礼、迎娶皇后、正月初一大朝会等时候穿
鷩冕	有事远主（祭祀家族祖先）的时候穿

续表

服饰	功能
毳冕	祭拜大海和高山的时候穿
绣冕	祭拜社稷神、先农神的时候穿
玄冕	祭拜百神、日月的时候穿
通天冠服	元旦、冬至朝会，会见王公贵族的时候穿
武弁服	出征、讲武、狩猎等场合穿
黑介帻服	祭拜陵墓的时候穿
平巾帻服	骑马的时候穿
白纱帽服	上朝、会见宾客的时候穿
白帢服	日常服饰

是不是感觉很复杂？没办法，中国的礼仪都是儒家的读书人制定的，连皇帝的衣服也是他们设计的。有理由相信，他们考虑到了礼仪形象，却没有考虑皇帝的心情。

假如您是唐太宗李世民，您可以感受一下他的日常生活。

清晨时分，礼部安排祭祀天地的活动，您赶紧穿上大裘冕。

穿这件衣服的时候，您走路一定要保持稳定的步伐，平和地呼吸，尤其是头顶的冕旒，千万不能两边晃动。否则，左补阙、右拾遗以及御史台的大佬就会批评您，闹不好还会上纲上线，指责您不尊敬天神。

穿着沉重的礼服，终于完成了祭天典礼。中午回宫，您已经筋疲力尽，肚子饿得咕咕叫，想吃上一口饭，有关部门却告诉您，侯君集将军马上要出征了，您得去送他。这场征讨高昌的战争事关大唐帝国的威严，您是不可能躲得掉的。于是，您赶紧换上了武弁服，又折腾了一下午。

到了傍晚，您不想批阅奏折了，就想躺在床上休息一下。值班宦官又告诉您，魏国公、郑国公、鄂国公等有要事求见。您要做千古一帝，就必须勤政爱民，善纳谏言，人家重臣都找上门了，您还能让他们吃一碗闭门羹吗？没办法，赶紧换上通天冠服，接见他们吧。到了下半夜，您终于送走了这帮大佬。

这一天折腾下来，每出席一种场合，每见一批人，就要穿不同的服饰，扮演不同的角色，演不同的戏，是不是太累了？

高宗时期，李治和朝臣商量后，决定只保留大裘冕、衮冕两套服装，其他的服装全部塞进衣柜。玄宗时期，李隆基宣布，任何场合我都只穿衮冕。

不得不说，唐朝皇帝的十二套衣服中，衮冕确实也是最帅的一套。

衮冕有诸多配饰，其一是冠冕，也就是皇帝戴的帽子，在电视剧里经常出现。帽子外面是黑色，里面是朱红色，冕顶是一块长方板，也叫“綖”，前面是圆的，后面是方的，寓意天圆地方，前低后高，整体略向前倾，前端缀有十二串白色的珠玉，谓之“冕旒”。冕旒是衮冕的特色标志，十二串珠玉既是装饰品，也是平衡对照物。皇帝戴着冠冕走路，最标准的步伐就是不让冕旒前后左右晃荡。

冠冕正面，即额头的部位，则以黄金作为主要装饰。冠冕戴在发髻上，发髻中间横插一支玉簪，用来固定冠冕，两端缠绕朱红色的丝带，绕下巴系住，谓之“朱缨”。还有两根丝线，挂着黄色的棉丸，垂至两边的耳朵，谓之“黈纩”，也叫“充耳”。

衮冕的配饰之二是玄衣纁裳。

黑中带赤谓之玄，黄而兼赤谓之纁。古代有“天地玄黄”的说法，象征着宇宙的无穷奥秘，用玄色作为上衣颜色，用纁色作为下衣颜色，代表最崇高的级别。

上衣绣有日、月、星、龙、山、华虫（即上古的雉鸡）、火、宗彝（即虎与蜼，后者指长尾猿猴，据说很孝顺）八种东西。

下衣绣有藻（水草）、粉米（白色米形绣文）、黼（半黑半白的斧形图案）、黻（一种看上去像是两个“弓”字背对背的图案，寓意君臣合离）四种东西。

这十二种花纹统称为“章纹”，也是衮冕的特色。

工匠制作衣服时，按照层级顺序，在衣服上绣上纹章，并在衣服的袖口和衣领绣上龙形图案。

配饰三是白纱中单。玄衣纁裳是外衣，白纱中单则是内衣，其衣领口绣有黼形图案，袖口、边饰、前胸呈青色，绣有黻形图案。衣服上还绣有龙、山、火。

古人穿衣服，其实是一种信仰。白纱中单是贴身内衣，穿在里面，旁人是看不见的，按理说就不用太在意形式，糊弄糊弄就行了，但白纱中单要绣上各式图案，其实是表达对自然图腾的崇拜。

配饰四是腰带，分为革带和大带两种。

革带是兽皮制作的束衣带，一是用来束紧衣服，二是用来悬挂男性的配饰物品。您看古装电视剧里的翩翩公子，腰间都会悬挂一块美玉或者香囊，这些配饰物品都是系在革带上面。

大带是丝线织成的束衣带，束在革带的外面，本身就是一种装饰物。系好大带后，还会多出三尺长的带子，垂在身体前面，这就叫“绅”。古代的士大夫之所以叫士绅，就是因为他们束了这个腰带。

配饰五是各种专门的配饰。比如双授，是高端丝绸从臀部两侧悬下，用来系佩玉等物品。再如白玉双珮，就是两块白玉，悬挂在革带之上。还有鹿卢玉具剑，是天子专用的佩剑。

配饰六是舄，也就是鞋子。鞋子分两种：一种是舄，鞋底是双层皮质，中间夹一层蜡，防潮、防寒功能非常强；一种是履，只有单层鞋底。皇帝的舄，鞋头都是黄金装饰，非常奢华。

衣服鞋帽搭配起来，就成了皇帝的衮服。

如果问唐朝的皇帝是否喜欢穿衮冕，他们可能会这样回答：“朕喜欢衮冕这衣服，可就是不喜欢穿它。”确实，衮冕是皇权的象征，大场面的必备服饰，可在舒适性和便利性方面，衮冕是没法获得好评的。

这种尴尬的情况在皇帝的出行车驾上也有发生。

皇帝的车库里，有玉辂、金辂、象辂、革辂、木辂等高级行政商务座驾，堪比劳斯莱斯幻影这种豪车；还有耕根车、安车、四望车等专业座驾，堪比法拉利等名贵跑车；更有指南车、记里鼓车、白鹭车、鸾旗车、辟恶车、轩车、豹尾车、羊车、黄钺车、豹尾车、黄钺车，堪比日常出行乘坐的限量版奔驰。

拿玉辂车来说，它属于木质结构机车，车型笨重，防撞防摔。在木头部件的末端，全部配以玉饰（如果是金辂车，就以黄金包裹）。车轮采用重牙设计，也就是像今天的大型货车那样，每边都有两个车轮，以强化车轮的稳定性。

车厢左边画着青龙图案，右边画着白虎图案。车顶有个青色的车盖，用来遮挡阳光。车的前面，挂有鄣尘，用来阻挡灰尘。车内部全部用黄色布帛垫底，绫罗绸缎装饰，还有博山镜，既是装饰，也供帝王纠正仪态。

拉车的马，全部是高大雄壮的仪仗用马，马头上套有锡质头盔，上面有黄金镂刻，威武异常。马鞍、马鞭都是五彩装饰，耀眼夺目。至于车辙、车舆、车辕、车衡、车轱、车轼，都有独特的设计和装饰。

按理说，行政座驾既然是为大老板而设计，就要追求高端的商务形象，还要保证舒适的乘坐体验。然而，古代皇帝的车驾完全是为了形象而生，主要拿来震慑黎民百姓，至于舒适性，完全不在设计者的考虑范围之内。

比如，车的旁边挂有铃铛，只要车驾启动，铃铛就会吵个不停。由于没有专门的软垫座位，天子要么站着，要么坐在草垫之上，非常痛苦。再如，坐车的时候，帝王要保持威严的仪态，有蚊子咬你，你得忍着别拍，风吹流鼻涕，就算流到嘴里，你也得忍着。至于挤眉弄眼、左盼右顾等行为，都是被禁止的。

唐高宗李治因乘车体验感很差，最后悍然宣布，不管是祭祀典礼还是日常出行，自己只坐御辇。御辇分为几种，最常见的就是人抬的步辇，可参见唐代画家阎立本的《步辇图》。

玄宗时期，李隆基觉得步辇的档次太低，于是重新启用了辂车。可没过几年他就有点烦躁了，发现这玩意儿毫无优点，坐它完全是在折磨人。

开元十一年（723 年），李隆基到南郊祭祀，去的时候坐的是辂车，可回来的时候，人们发现，皇帝居然只骑着一匹马，没错，李隆基终于受不了了。

从此以后，御马成了皇帝出行的交通工具。不过，为了保证皇帝的神威，李隆基规定，皇帝出行时，所有辂车都要空车随行。

在皇帝的出行配置中，最令他们满意的可能就是常服了。在唐朝，皇帝、大臣、百姓的常服设计风格是一样的，身穿袍衫，头戴幞头，脚穿六合靴，腰束革带，区别只在于，服饰的材料、颜色、配饰有自己的规定。

影视作品中出现频率最高的明黄色龙袍，就是在唐朝产生的。

隋朝的时候，官员和百姓都可以穿黄色袍服，到唐朝初年，就规定只有皇帝才能穿明黄色，至于官员和百姓，只能穿其他黄色，比如土黄、淡黄、橘黄。不过黑色和赤色的衮冕，历来都是皇帝冕服的主流用色，因其象征天地与五行，任何皇帝都不敢轻易更改。虽然明黄色是皇室专属，但皇帝出席隆重场合还是穿黑色和赤色的传统冕服，电视剧中那种明黄色的龙袍，出场机会是很少的。

674 年，唐高宗一锤定音，民间一律禁止使用任何黄色服饰，从此时开始，黄色和皇权终于画上了等号，一直延续到清朝末年。

选衣服可千万别选错了颜色

674 年，唐高宗李治下了一道诏书：三品以上官员穿紫色袍，金玉带十三銙；四品穿深绯，金带十一銙；五品穿浅绯，金带十銙；六品穿深绿，七品穿浅绿，银带九銙；八品穿深青，九品穿浅青，黄铜带九銙。

古代是等级森严的社会，人分为三六九等，同属一等的就是一个阶层。在阶层内部，还要分为几个等级。这样划分，就是为了确立尊卑上下的社会秩序。

李治的诏书，算是把唐朝服饰的等级彻底定了下来。

假如没有服饰等级，可以想象一下，一位五品官员走在大街上，觉得自己是个大人物，很神气，结果冲撞了另外一名官员。由于大家都是穿同样的衣服，不能判断对方的身份，为了挽回面子，只能硬着头皮和对方开打。如果有了分等级的服饰，只看对方衣服，就可以判断对方身份，省去了许多麻烦。

在唐朝，穿什么样的衣服，全部按照散官的标准来定。

拿白居易来说，他官居江州司马，属于从五品级别。然而，江州司马是职事官，白居易的散官级别只有从九品，因此他不能穿浅绯色衣服，只能穿浅青色袍衫，正因如此，才会有“座中泣下谁最多？江州司马青衫湿”的诗句。

除了服饰，官员身上还有一种特别有趣的配饰：鱼符。

唐朝官员，尤其是五品以上的要员，经常会出入皇宫。当时没有人脸识别和指纹验证，守门卫士怎么验证他们的身份呢？只靠刷脸，未免有点草率。为了安全起见，朝廷发明了高级官员的特殊身份证：鱼符。

鱼符是隋朝的原创作品，起初是木质的，后来变成了铜制。其形状酷似一条鱼，鱼头、鱼鳞、鱼眼、鱼鳍、鱼尾清晰可见。鱼符是一种特殊的工艺品，和人民币一样，拥有一定的防伪功能。否则，不法之徒随便伪造一块，岂不可以随意出入宫廷了？

在鱼符的内侧，刻有官员的身份信息。

如果某个官职只有一个编制，比如兵部尚书，鱼符内侧就刻着兵部尚书，拿着它，别人就知道您是谁了。

如果某个官职有多个编制，比如兵部侍郎，鱼符内侧就必须刻着官职和官员的名字，比如兵部侍郎李长河。否则，别人不知道究竟是哪个兵部侍郎。

唐朝初年，鱼符是官员的临时身份证明，如果官员卸任或者去世，朝廷要收回鱼符。高宗时期，李治觉得这样做有点不近人情，于是下诏，规定官员去世之后，鱼符不用交还朝廷，可留作纪念，永传后世。

正因如此，永徽以后的唐朝墓穴，才经常出土铜制的鱼符。

在唐朝，身份地位不同，佩戴的鱼符也有差异。比如，太子的鱼符是玉制的鱼符，亲王的鱼符是金制的，普通官员的鱼符是铜制的。

除了鱼符，还有一个装鱼符的袋子，叫鱼袋。四品和五品官员的鱼袋是用银来装饰的，也叫银鱼袋，三品以上的官员都用金鱼袋。

每逢上朝，您只看官员衣服和鱼袋的颜色，大致就可以判断出他的身份。如果是紫金鱼袋，那绝对是大唐王朝的超级权贵，多半是宰相级别的人物。

到了武则天时代，官员的鱼符变成了龟符。

您可能听过“金龟婿”的说法，可如果穿越回武则天的时代，千万别说“我想做金龟婿”的话，因为这个时髦的名词是大诗人李商隐的原创，而他生活在唐文宗时代，那是几十年后的事情了。

在旧社会，新姑爷第一次进门时，要给老丈人送一个龟，表示老丈人可以长命百岁，福寿绵延。有钱的会送金龟，没钱的就镀一层金粉。总而言之，要夸新姑爷是个有钱有地位的孩子，那就叫他金龟婿。

在民间，百姓服饰也是有颜色标准的。

隋炀帝时期，朝廷就规定了胥吏要穿青色衣服，普通百姓穿白色衣服，商人和屠夫主打黑色系列，至于军中的士卒，全部穿土黄色。

在电视剧里，经常有皇帝检阅三军的场景，为了让场面显得壮观、肃穆，导演通常会让士兵穿戴黑色或红色的服饰，场面确实很震撼。可如果是隋炀帝时期，这岂不是说他的军队是一群屠夫，或者商人？

到了唐朝，等级更加森严，朝廷的规定更加细致。

以读书人为例，在获得功名或者进入仕途之前，他们只能穿白色衣服，所以读书人通常被称为“白衣”或“白身”。您要是哪天出门想换个穿搭风格，走黑色路线，肯定会被当成屠夫或商人。说不定，人家还会询问您的店铺在哪儿，五花肉的价格是多少呢。

在唐朝，你是什么阶层的人，就要穿什么颜色的衣服。这不是约定俗成的社会习惯，而是明文规定的朝廷制度，就算是皇帝，也很难去破坏。

可以看看李泌的例子。这位老兄是唐肃宗李亨的好友，深得李亨的信任。不管是军国大事，还是皇室的家务事，李亨都会征询李泌的意见。李亨曾经说过，只要李泌愿意，他可以直接担任宰相。不过，李泌觉得李亨心胸狭窄，担心自己有兔死狗烹的结局，始终没有接受任命，而是以自由身的姿态做幕僚。

以李泌的政治地位，还需要穿白衣服吗？

答案是肯定的。如果回到唐朝，您经常会看到身穿黄色龙袍的李亨和身穿白色长袍的李泌并肩同行，他们一个叫“衣黄圣人”，一个叫“衣白山人”。

在古代，读书人都受人尊敬。比如魏晋时期，读书人喜欢避世，搞搞清谈，出门穿件白衣服，代表风趣高雅。可是在唐朝，如果您十八岁出道时穿件白衣服，代表您是青年才俊，前途无量。到了四十岁，如果您还是一身白衣服，那就说明您的科举之路不顺，人生相当失败了。

如果您是流外官、庶民，那就只能穿黄色衣服。此言一出，很多人估计会质疑:黄色不是皇帝的专属颜色吗，老百姓怎么能穿呢?

其实，刚开始的时候，皇帝穿明黄色，普通百姓还可以穿土黄色。因为明黄色色彩艳丽，带着黄金光泽，显得尊贵，土黄色灰暗无光，显得传统朴素，皇室就没在意这些。可后来的一件事，改变了皇室对黄色的看法。

柳延是洛阳县尉，此人喜欢标新立异，有一天晚上，他穿了一套黄色平民服在洛阳的街道上溜达，巡逻队看到有人违反宵禁，又只是个庶民，于是悍然出手，将他揍了一顿。

县尉被下属群殴，这可是头条新闻啊！这件事很快传到了长安，唐高宗李治听闻后，觉得脸上火辣辣的，于是传下旨意，凡是大唐官员一律不准穿黄色衣服。从此以后，黄色才成为皇帝的专属颜色。

在官府衙门，还有一群没有品级的胥吏，也就是基层办事员，他们只能穿青色的服饰。身为胥吏，想换个别样款式的衣服，除非等到晋升为官员或者改行，否则，就只能把青色穿戴到底。

如果是社会最底层的奴婢、奴仆，全部穿青碧色的衣服。

白居易“青衣报平旦，呼我起盥栉”中的“青衣”，指的就是婢女。如果是男性奴仆，头上还要裹一个青色头巾，俗称“苍头”。

在古装电视剧里，您经常会看到一位半仙摆个算命摊子，每逢路人走过，都会猜测对方的身份和心里正在想的事儿，显得特别神奇。可真要回到古代，其实没那么麻烦，想判断对方的身份，看他的衣服颜色就行了。

男人穿搭也很讲究

唐朝男人，一般都怎么打扮自己呢?

手表、皮带、衬衫、西裤、皮鞋……这些都是不存在的。穿着这些现代服饰逛朱雀大街，肯定会被有关部门请进监狱，作为珍稀物种研究一番。

身为唐朝男人，应该有自己的品位。

幞头

古代男人的头发全部是长发，出门在外，如果披头散发，风格野蛮，不符合中国礼教的文明要求。更何况，古人很少洗头，出入公共场合，头皮屑乱飞，虱子乱跳，也不卫生。儒教早就定下规矩，成年男性必须戴冠，除非是小孩子、和尚、罪犯，或者外国友人。

幞头，其实就是一种冠。

在唐朝，上至王公贵族，下至平民百姓，幞头都是必备物品。幞头也叫头巾，是一块青黑色四方形的布帛，如果家里有钱，可以用黑色的丝织品，如果没钱就用黑色粗布。幞头是用来蒙住发髻，装饰头发的，为了固定发髻，在幞头的四个角固定了四根长长的丝带。至于其系扎方法，唐朝的帝王图和名画里很直观。

唐朝人戴幞头，脑袋两边会露出两根带子，它们就是幞头脚。到了宋代，乌纱帽开始流行，乌纱帽两边的“帽翅”，其实就是幞头脚的翻版。

唐朝男人发明了各种各样的幞头系扎攻略，头巾的材料也是千差万别。在当时，男子喜爱头巾，就像女子喜爱胭脂一样。

读到唐朝的军事和历史，您会发现唐朝男子彪悍威武的一面。可研究他们的幞头，您会发现，唐朝男子也有爱美的一面，这就是历史的趣味。

唐朝的幞头分为两种:一种是用柔软的布料包扎而成，也叫“软脚幞头”，官员和百姓都可以佩戴。早晨出门，做个幞头，仪式感很强，美中不足的是每天都要重新系扎，比较麻烦。还有一种是用金属固定幞头形状，用布料包裹而成，也叫“硬脚幞头”，很像如今的帽子，拿起来就戴，很方便。不过，硬脚幞头是皇帝的专利，如果普通百姓使用，就是僭越大罪，闹不好是要坐牢杀头的。

硬脚幞头是个好产品，皇室为什么不让它流行呢？还是因为等级制度。人分三六九等，物品也是一样。有时候，物品的等级分类就是为了区分人的社会地位。正因为硬脚幞头是个好东西，才只能由皇帝使用。

到了晚唐，皇权威严扫地，藩镇节度使强势崛起，硬脚幞头开始成为军阀大佬的时尚配饰，一直到宋朝，普通百姓才享受硬脚幞头的便利。

上衣

说起穿衣，唐朝男性就略显可怜了，因为上装品类非常少，大致只有衫、袍、袄、襦和半臂这几种。

衫、袍、袄属于同一类产品，单层的叫衫，夹层的叫袍，里面填充絮的就是袄。这些上衣都是圆领形制，窄袖风格，衣长到小腿，右衽，意思就是左边衣服在上，右边衣服在下。领口和前胸各有一颗扣子，用于固定衣服。

春夏之际，气温暖和，适合出门游玩，唐朝百姓会穿着灵动飘逸的衫。标准的衫是不开衩的，延伸至膝盖以下，会用一块布料接成一圈横襕作为装饰，这种叫襕衫。在唐朝，读书人、官员不干体力活，襕衫是最合适的选择。

如果是体力劳动者，比如农民、军人，会给衣服开衩，俗称“缺胯衫”。初唐的时候，这种衣服一般是在膝盖两侧开个衩，方便腿脚活动。到了后来，直接开到腰部，就算做个一字马，那也是毫无压力的。部分审美独特、追求新颖的人，甚至会在衣服的背后也开衩，用“三衩衣”来形容，再合适不过了。缺胯衫的实用性确实很强，到了宋朝，基本成了老百姓的主流服装，而襕衫则升级成为高级礼服，主要在隆重的礼仪场合使用。

秋冬之际，窄袖袍就要上场了。

中国早期服饰中，只有内衣才是圆领的，直到南北朝时期，这种圆领风格被外衣采用，到了隋唐时期，圆领袍已经成了主流穿搭。而且，在唐朝，不管身份地位如何、社会等级如何，都可以穿圆领袍服。

如果想做时尚界的宠儿，吸引路人的注意，还可以选择翻领袍。

翻领袍起源于回纥，随着回纥与中原文化的碰撞，开放的唐朝百姓就借鉴了他们的风格。

天寒地冻的时候，男人们就要穿袄了，里面填充棉絮，长度到膝盖。说起来，唐朝的袄子就是如今的羽绒服，不过单论保暖效果的话，肯定要差不少的。如果是军中的将士，一般穿短袄，方便操练、打仗。

袍衫则是男人的外衣，就像如今我们的春装、风衣、卫衣、羽绒服。袍衫里面，有时候会搭配一件半臂。放在今天，半臂就是短袖、POLO 衫；如果是无袖的，那就是小背心、小马甲。不过半臂不是圆领，而是交领，而且在腰下面会接一块襕。于是，上身是短袖，下身变成了短裙。这就是唐朝男性的日常服饰——超短连衣裙。

还有一种长袖，与半臂的设计风格完全一样，只不过袖长到手腕。

再里面，自然就是男性的贴身内衣。在古代，内衣是拿来吸汗的，因此也有“汗衫”或“汗衣”的说法。因为是贴身的，古人还取了个文雅的名字，叫羞袒，顾名思义，就是羞于袒露。

汗衫是贴身内衣，人们需要有强烈的舒适感，因此布料都是纯白、轻薄的丝织品。至于普通百姓和军中将士，基本则是用粗糙的布料。

裤子

隋唐时期，男性的裤子分为两种。

一种是“袴”，属于开裆裤的风格。有的读者可能会联想到婴儿的开裆裤，然而就算是在开放的唐朝，穿这种开裆裤上街，也是有伤风化的。他们的开裆裤，其实就是两个裤筒，也可以理解为长筒袜，只不过上面一直到腰部，通过绳子将开裆裤系在腰间。唐朝的“袴”，很像现在的西裤。

如果您穿着紧绷的西裤骑马、干活，会不会觉得不方便呢？别担心，他们还有一种叫“裈”的合裆裤。同样是裤子，先把裆部剪开，再用大幅的布料重新拼接。这样一来，裆部的活动空间就会变得更大。

在古代，不是每个人都能穿得起裤子的。尤其是战争年代，老百姓穷得叮当响，裸露身体是很常见的。中国有“穿同一条裤子”的说法，是说两个人的感情很好，其起源就是古代百姓穷到了一定程度，就只能同穿一条裤子。

鞋子

唐朝最常见的鞋子是乌皮六合靴，属于胡服风格。

胡人生活在草原，当清晨的第一缕阳光洒满草原，胡人出门溜达，门口都是绿草，草上面都是水珠。要是穿草鞋出门，脚上沾满了水，走起路来既不舒服，也不方便。为了解决这个麻烦，胡人就发明了长筒皮靴。乌皮六合靴是由皮革缝制而成，因为留了六个缝制的缝隙，所以被称为六合靴。

草原多牛羊，做双真皮靴没压力，可到了中原，真皮就属于奢侈品了。能穿得起真皮长筒靴的，基本都是有钱人。不过，如果没钱，布料版的也不错。

在唐朝，长筒六合靴属于中端的消费品，高配版的是丝履，尤其是以丝织品作为面料的鞋，制作精美，男女老少皆宜。

至于低配版的选择就很多了。比如麻鞋、藤鞋、芒鞋、草鞋、木屐。最常见的是草鞋，可谓几千年来经久不息的时尚穿搭。一般而言，草鞋以稻草、蒲草、麦秸、玉米秸为材料，没有鞋帮，都是用绳子固定，或者直接当拖鞋来穿。

还有一种是木屐。日本流行的木屐，就是从中国传过去的。

配饰

唐朝最主要的配饰就是腰带，也叫束衣带。您想想，袍衫没有紧身功能，为了不让衣服散开，必须用带子系扎。至于腰带的材料，主要看男性的社会地位，如果是王公贵族，通常用皮革，上面镶嵌玉石，就是传说中的“玉带”。

除了腰带，男性还有其他的配饰。比如玉佩，堪称身份地位的象征，也代表着高洁的品德。在唐朝，名流贵族才能佩戴金、银、玉，如果是普通百姓，只能佩戴铜、铁制作的小玩意儿。

如果是官员，还可以佩戴印信、鱼符和香囊。出门在外，印信就是官员的身份证。

女装三件套+唐妆六部曲，瞬间变成“小仙女”

在唐朝，女子最主流的穿搭是“襦裙服”。

只要是襦裙服，那么必备穿衣三件套:短衫（襦）、长裙、帔子。

走在长安朱雀大街，放眼望去，不管是贵族妇女，还是平民女子，如果是休闲出门装，基本都是这种穿搭风格。如果想有比较直观的认识，可以看看《武媚娘传奇》或《天盛长歌》等历史剧中的服饰，还原度还算不错。

短衫就是上衣，单件称为“衫”，适合春秋两季穿。如果是夹衣，就是“襦”，适合冬夏两季穿。

短衫只是一件搭配服饰，属于修身型衣服，只要女性身体修长，胸围饱满，穿起来就特别好看。一般而言，短衫的下摆都是塞到长裙里面的，就像穿商务正装的男士把衬衫塞到西裤里的模样。

长裙堪称唐朝女性服饰的点睛之笔。这种裙子是用六幅或八幅布帛缝制而成。唐朝的六幅，宽度大概为三米，也就是说，把裙子的布帛展开，就像一幅三米长的画卷。尤其是上流贵族妇女身穿的衣服，都是以丝绸为原料，其华贵和雍容可想而知。

这都不算什么，唐朝妇女不流行穿超短裙，她们的裙摆非常长，一部分直接在地上拖曳，就像现在的女性婚纱。唐朝读书人是这么形容的："裙拖六幅湘江水""坐时衣带萦纤草，行即裙裾扫落梅"。

不过这种服饰美则美矣，就是有点耗费布料。唐朝初年，国家穷得叮当响，统治者为了控制开支，要求女性的服饰以窄、短为标准。拿唐初女性的短衫来说，袖口和如今衣服的袖口差不多。不过，皇帝们忽略了，女人对服饰的追求可不会被贫穷限制的。对她们来说，只要手里还有闲钱，可以不吃饭，可以不玩耍，但必须要打扮。

这种被压抑的需求，到了中唐时期彻底爆发了。据史料记载，设计师们为了美化上衣服饰，竟然将袖口做到了四尺的宽度。

请注意，四尺是袖口的宽度，而不是袖口的周长。也就是说，如果您稍不注意，袖子可能就掉地上了。由于这种设计太浪费布料了，以至于唐文宗李昂出台禁令，要求女性服饰的袖口不能超过一尺四寸。

回到唐朝，裙子大概分为两种穿法。

一种是穿到腰部以上，用丝带系扎。有的女性可能将裙子穿到胸部，然后将半个胸部裸露在外面，里面只穿一件抹胸。这种穿搭只适合宫廷女性，因为他们生活条件优越，皮肤白皙，有资本这样穿。

这种"暴露"的装束，确实打破了女性的穿着传统，也让唐朝的男性大饱了眼福，唐朝诗人们用一大堆句子来描述这种打扮，比如"胸前瑞雪斜灯照""慢束罗裙半露胸"等。

还有一种是穿到腰间，上面搭配衣服，将胸部全部遮住。这种穿搭适合脸朝黄土背朝天的农村妇女，因为她们的皮肤普遍不好，没必要外露。

至于裙子的颜色，以红、绿、黄为主，石榴裙可谓最时髦的款式。

现代的裙子，基本都是用工业染料上色。漂亮归漂亮，可总感觉缺点什么。回到唐朝，裙子基本用自然染料，自带植物芬芳。拿绿色裙子来说，用的绿草汁，如果是黄色裙子，可以用郁金香，颜色鲜艳，芬芳无比。李商隐“折腰争舞郁金裙”，赞美的就是郁金香染过的裙子。

有个现代的知名博主在其视频里，曾经用葡萄汁给裙子上色，穿上身后转了一个圈，划出了一道紫色弧线，那种“小仙女”的气质羡煞许多人。这就是唐代裙子的风格。

除了短衫、长裙，还有一条“帔子”，可以理解为飘带。飘带很窄很长，从身后穿到前面，搭在小臂上，两端自然下垂，作为襦裙的装饰。

您可能很好奇，去哪里购买裙襦服，长安有品牌专卖店吗？

遗憾地告诉您，古代没有服装店，只有绸缎庄、布庄、裁缝铺。您想逛街，没有现成的服装店，只有布料店。如果想购置新衣服，要先去绸缎庄挑选合适的布料，再去裁缝铺提要求，设计衣服，让裁缝铺帮您做。

如果是贵族妇女，可以邀请顶级的裁缝到自己家，专门定制。现在流行的服装 DIY 定制、柔性生产的模式，其实在古代就有了。

在当时，贵族妇女是丝绸衣服的主力消费人群。至于平民百姓，没有穿丝绸的条件，她们一般是穿布帛。

所谓的“布”，就是葛布、麻布，是用植物纤维制作的布料。身为农村妇女，种几亩麻类植物，衣服的布料就有了。这种衣服凉爽透风，柔软舒适，夏天穿起来格外舒服。不过布衣有个缺点，就是外形不够精致，而且如果保存不当，衣服容易泛黄。

所谓的“帛”，就是丝织品，原材料是春蚕吐出的丝。这种东西很宝贵，基本上是一生产出来，就全部被朝廷收走了。蚕农自己留着也没用，去地里除草或收割粮食时，也不可能穿着丝绸衣服去，否则回来衣服就得多几个口子。

丝织品也分很多种，比如绢、纱、绸、缎、锦、绮、绫等。

比如绢就是生的丝织品，最为常见；绫就是很薄的丝织品，电视剧里人们上吊用的基本就是白绫；绮是印有花纹的丝织品，如果染色，就是彩绮；最昂贵的当属锦，它是用几种彩色丝线编织而成，质地精美，风格活泼，专供上流阶层。

裙襦虽然很美，却无法满足唐朝女人对个性、时尚的疯狂追求。到了唐朝中期，胡服开始成为长安最流行的新款式。

游走在长安，您会看到活跃的回纥、吐蕃、龟兹、南诏、波斯、罗马、阿拉伯等民族的人，他们穿着翻领、镶边、窄袖、开衩的胡袍。尤其是窄袖瘦衣，更能衬托女性的身材之美。还有些胡服的裤腿短至膝盖，对于经常穿长裙的女性来说，绝对是非一般的体验。这个时候，您在腰间系一根革带，戴一顶毛毡或皮帽，脚上穿着胡靴，简直太酷了。这种感觉，就像 20 世纪中国人开始接受西方牛仔裤时一样。

穿上胡服，再跳一段西域的胡旋舞，档次马上就拔高了。如果唐朝有酒吧，胡服配合胡旋舞，绝对会引爆酒吧的气氛。您可能觉得这么说有些夸张了，告诉您，杨贵妃就是胡服的疯狂粉丝，有时候在宫廷宴会，杨贵妃就会来上一段胡旋舞。

胡服简约有个性，是唐朝女性喜欢它的原因之一。和裙襦比起来，胡服的阳刚之气更浓厚，在唐朝尚武的文化氛围下，可能这才是受欢迎的根本原因。

在唐朝，女性还可以随心所欲地穿男装，而且可以到街上晃悠。身穿半袖短身衣，下着小口裤，足蹬红皮革靴，头戴卷檐胡帽，这是胡人男装的风格；身穿圆领长袍衫，腰束革带，足蹬锦靴，配以金银玉饰，这是汉人男装的风格。随便挑一套，挽着老公的手臂，去西市逛逛，或者下馆子去吧。不要在意旁人的眼光，走在长安的大街小巷，许多女子都是女扮男装，招摇过市。说白了，这样的穿着，长安百姓早就见怪不怪了。

唐武宗时期，后宫的王才人经常和武宗皇帝一起走马射猎，穿的都是同一款男装。他们身材相似，以至于朝臣前来奏事，经常会认错人。每逢此时，唐武宗就会哈哈大笑，以此为乐。

史料也记载了："中宗时，后宫戴胡帽，穿丈夫衣靴。天宝中，士流之妻，或衣丈夫服，靴衫鞭帽，内外一贯。"唐朝张萱的《虢国夫人游春图》中，部分女子也是穿的男装，画面非常和谐。

看到异样的东西，唐朝百姓不会指手画脚，反而还会带着欣赏的眼光，这就是唐朝的包容、大气之风。

穿上漂亮的衣服，搞个时髦的发型，化个美艳动人的妆，再挑几件精美衬人的珠宝首饰，“小仙女”就可以愉快地出门了。

在唐朝的任何年代，长安最流行的发型都是高髻。这种发型顾名思义，就是把头发梳起来，高高地隆起，在头发上面插上饰品，美感瞬间“爆表”。至于发髻怎么梳，您可以参考祥云髻、凌虚髻、奉仙髻、愁来髻、百合髻，总有一款适合您的气质。

说起头发饰品，那更是令人眼花缭乱。簪子、钗子、玉搔头、翠翘、流苏、步摇，保证您挑到尖叫喜欢。如果您是富贵家庭的女子，可以挑选金、银、玉、玛瑙，珠光宝气；如果出身一般家庭，那就选个角、贝材质的吧。

强烈建议您挑一个金玉步摇。这是将黄金制作成龙凤或者百鸟形状，上面用珠玉做装饰。插在发髻上，另外一端是垂悬的金银链，上面挂着珠玉饰品，保证您就是这条街最靓的女娃。

发型做好后，就要选择首饰了。先来个手镯吧，金玉的、纯银的，随便挑一件。

还有香袋、香囊。在古装电视剧里，香袋都是用布料缝制的，里面装着藿香、丁香、木香、薄荷、白芷，用来清神醒脑、驱除蚊虫、消灾辟邪。建议您使用一款银制香囊，其制作材料是白银，香囊和乒乓球一样大小，镂空，上面雕刻着漂亮的花鸟图案。香囊外面是上下两个半球，以合页相连，装有钩链，专供开启。香囊里面是复杂的工艺结构，香料放置在半圆形的金香盂里面。它既拥有香囊的功用，又是一件精湛的艺术品，出门特别有面子。

对唐朝女性来说，梳妆打扮过程中耗时最长、仪式感最强的环节就是上粉了。

许多人都知道，古代的化妆品是铅粉，不管是黑色皮肤，还是满脸雀斑，只要在脸上涂抹一层铅粉，皮肤马上变得白皙可爱。不过铅粉虽然是个好东西，却要懂得使用。别的不说，如果上粉过量，立马就有了“金属感”和“科技感”，再把眼睛睁开，那绝对就成了奥特曼。

而且，铅很容易氧化。想象一下，早上出门，您的皮肤白皙得连自己都想亲一口。但是逛半天街，皮肤就开始黯然失色。等吃完晚饭，您变成什么样了？

鉴于以上原因，加之铅粉有毒，后来就慢慢下架了。回到唐朝，您有两种选择：上红粉，或者上白粉。

白粉的原材料是稻米。根据《齐民要术》记载，将大米泡软，磨成浆液，用纱布过滤后沉淀米汁，晾晒干，刮掉表层的粗糙颗粒，取精细粉末，再加入丁香花粉（可替换成别的花粉），就成了女性日常用的白粉。

白粉是纯天然的化妆品，但是不够细腻润滑，因此滑石粉、石膏粉就成了白粉的添加剂。

如果您对白粉不感兴趣，可以尝试红粉。红粉就是胭脂，也叫“焉支”，传说是在匈奴焉支山生产的。汉朝的时候，焉支山有一种红黄两色的花朵，百姓采摘花朵，捣碎成泥，过滤掉黄色的汁，再将红色汁水过滤沉淀，自然阴干，就成了红色的花粉。

使用的时候，蘸着清水涂抹即可。流传到中原后，美妆达人加入牛髓、猪胰等东西，让胭脂变得润滑细腻，最终成为中原女子人人喜爱的宝物。

胭脂的美妆效果很好，可里面有动物油脂，难免有腥膻味道。

涂抹胭脂后，最好不要剧烈劳动，引起身体出汗。否则，您的身上会流淌红色的汗水，简直就是真人版的“汗血宝马”。

每到晚上，女子都需要卸妆，打来一盆清水，洗净胭脂，盆里会浮起一层红色的泥浆。“归到院中重洗面，金花盆里泼红泥”说的就是这个效果。

看完这些，您觉得涂胭脂很痛苦。没关系，您可以效仿杨贵妃的姐姐虢国夫人，素颜朝天照样活得很自信。

上完粉，只能算完成了初步的“修图”，接下来还要各种“精修”。

第一步：画黛眉。

染青石谓之点黛，简单地说，黛就是一种黑色矿物质，也叫石黛。描眉之前，先将石黛放在石砚上碾磨成粉末，加入清水调和，再刷到眉毛上。秦汉以前，主流颜色是黑色，到了汉朝，青黑色开始引领时尚。

石黛是个好东西，可一旦加了清水，浓度和均匀度就不好把握。而且，每次画眉之前，都要碾磨一番，就像男人研墨写字一样，这也让女人多少有点烦躁。

南北朝时期，西域的“青雀头黛”传入中原，其颜色是深灰色，有别于主流色号，着实火了一阵。到了隋朝，隋炀帝从古波斯进口了一种“螺子黛”。由于不用碾磨，只需要蘸水即可使用，因此迅速占领了化妆品市场。

在当时，别说民间，就连后宫嫔妃弄到螺子黛也很困难。一些电视剧里，皇帝宠爱某个嫔妃，就会经常赐她点儿螺子黛，这确实是符合历史实情的。

爱美是女人的天性，不分贫富，不分阶层。

如果是贵族妇女，买得起石黛，可以直接当画笔描摹，就像现代的眉笔一样。如果是农村妇女，家徒四壁，买不起画笔，可以去路边折一段新鲜的柳树枝，将它烧成黑炭状，以此画眉，效果也是杠杠的。

在古代，描眉算是女性化妆的点睛之笔。可以这样说，眉毛的好坏决定整个人的气质。

古人有诗："洞房昨夜停红烛，待晓堂前拜舅姑，妆罢低声问夫婿，画眉深浅入时无。"说一位新婚女子，早起之后询问丈夫自己的眉毛是不是时下最流行的款式，因为她担心如果画眉不当，就会被公婆嫌弃一辈子。

在唐朝的皇帝中，唐玄宗李隆基堪称标准的"眉毛控"。每逢杨贵妃画眉，唐玄宗都要指点一二，要不是碍于皇帝身份，李隆基可能直接转型做化妆师了。

安史之乱后，李隆基逃到成都，钦定了他认为最经典的十种眉形，命画工作《十眉图》，以传后世。一曰鸳鸯眉（八字眉），二曰小山眉（远山眉），三曰五岳眉，四曰三峰眉，五曰垂珠眉，六曰月棱眉（却月眉），七曰分梢眉，八曰涵烟眉，九曰拂云眉（横烟眉），十曰倒晕眉。

不过，以现代的审美眼光来看，有些眉形确实很奇怪。就拿《簪花仕女图》来说，女主角画的垂珠眉，如果在现实生活中遇到，可能会让人忍俊不禁。

第二步：贴花钿。

花钿是一种点缀型的装饰物，贴在眉心位置。

从唐朝的图画和出土资料来看，花钿样式至少有十几种，包括云母片、螺钿壳、牛角、扇面、梅花、仙桃等，条件好的可以用金箔剪切，条件一般的就用纸。

花钿贴在眉心，别有一番韵味。

第三步：点面靥。

三国时期，吴国的皇族孙和酒后把玩如意，不小心误伤了夫人邓氏的脸颊。孙和大惊失色，命医士治伤，这名医士用多了琥珀，在酒窝处留下了红点。明明是医疗事故，可孙和却觉得别有韵味，以至于脸颊涂红点的时尚流传开来。

唐朝妇女喜欢在脸上点缀东西，于是效仿了孙和夫人的“面靥”。

无独有偶，三国时期，魏文帝曹丕的宫女薛夜来撞到了水晶屏风，在脸上留下了一道倾斜的血疤，曹丕也觉得很有味道，最终引起了宫女的争相效仿。

到了唐朝，妇女们经常在太阳穴描画血痕，以作装饰。

表面看来，唐朝妇女可能喜欢残缺美。可细细想来，她们其实骨子里喜欢追求新颖、时尚、别具一格的事物，审美情趣非常高雅。

到此时，唐朝妇女的精修就算完成，可以出门了。

哦，对了，出门之前，别忘了涂点唇膏。

唇膏是现代的说法，唐朝百姓叫“唇脂”。主要原料是动物油脂，其中鹅油最佳，羊油次之，牛油最次。唇脂核心辅料是朱砂，一种有毒的矿物质。这么一想，和古代女性接吻，其实就是间接性地服毒。

唐朝唇膏和现代一样，品种非常繁多，有大春红、小春红、嫩吴香、万金红等各种色号。涂上之后，就有了“唇若丹霞”“唇似樱桃”“娇唇红润”等效果。

受吐蕃民族的影响，元和年间（806—820年），长安流行过一种黑色唇膏。产品很有个性，却和中原女子的服饰、肤色不太匹配，所以短时间内就下架了。

总结起来，唐朝女性想要出门，基本的化妆流程是这样的：涂胭脂；画黛眉；贴花钿；点面靥；描斜红；点唇脂。这和现代女性相比，也不遑多让吧？

第九章 生活在唐朝的皇宫内苑是一种什么体验？

皇室成员的称谓：叫错了小心被砍头

皇帝

唐朝的规矩很多，皇宫内苑尤其多。如果要写一本唐朝的规矩宝典，三百页的篇幅可能也写不完，写下来您也背不下来。

特别是称呼，如果您搞错了，轻则闹个大笑话，让对方没面子；重则引起对方的报复，终结您的职业生涯。当然了，如果犯了皇帝的忌讳，您就得顶个“大不敬”的罪名，杖刑一百、流放千里，甚至满门抄斩也是有可能的。

根据学者统计，唐朝皇帝的称谓有数十种，其中有褒义的，有贬义的，还有中性的。您先别头大，大部分称谓都要分场合，咱们聊几个最常见的吧。

首先是圣人。这个称呼最早出现在《易经·说卦》：“圣人南面而听天下，向明而治。”所谓的圣人，就是君主、人间最高统治者的意思。有了这层含义，圣人自然成为皇帝的专利。

比如隋文帝杨坚，深受少数民族首领的尊敬，捞了个“圣人可汗”的头衔。唐太宗李世民也有个“天可汗”的称谓。两者比起来，隋文帝的规格还是要更高些。至少在唐朝，皇帝们更喜欢圣人的称呼。

抛开人间最高统治者的含义，圣人其实还有两层高端、神秘的寓意。

首先，唐朝皇室信奉道教，上古神仙修炼，要经历贤人、圣人、至人、真人四个境界。皇帝们比肩老子是不可能的，能达到圣人境界，也算是一种修行。

其次，孔子、孟子、庄子等人是中国民间的贤德圣人，如果称呼能和他们沾上边，皇帝们的形象就显得高大伟岸，绝世超群了。

不管任何场合，您叫皇帝圣人，绝对不会犯错。

在古装电视剧里，您经常听到“大家”这样的称呼吧。提醒您，这是皇帝侍从的专属称呼。

如果是正式场合，您想拍皇帝的马屁，可以叫圣上、圣君、圣天子。如果只是一般的称呼，可以叫主上、陛下、皇帝、皇帝陛下。

至于“皇上”“万岁”或者“万岁爷”这些在电视剧里出现频率最高的称呼，在唐朝都还没有。如果要叫“万岁”，也得等大朝贺、大典礼的场合，而且是所有朝臣一起高喊“万岁万岁万岁”。当时，还没有朝臣有勇气单独称呼皇帝为“万岁”。

穿越到古代，难免碰到昏庸暴虐的皇帝，比如杀伐太多、为政暴虐、贪恋钱财、欺凌百姓，如果您词汇贫乏的话，喊他们一声昏君就很到位了。不过，唐朝百姓比我们词汇丰富。他们在编写史书、传记和小说的时候，会用到很多词，比如独夫、昏主、骄主、暗君、庸君、虐主、僻王、邪主。尤其是“邪主”，已经叫出了江湖魔头的味道。

皇帝也有专门的自称。如果您是皇帝，可以效仿秦始皇，自称为“朕”，这是使用频率最高的。如果想复古，可以自称为“寡人”。当然了，寡人的含义是寡德之人，带有自谦的味道，如果是自信心爆棚的皇帝，一般是不会这么称呼自己的。如果您想玩点儿新鲜的，可以自称为“冲人”。

以上都是口头称呼。如果皇帝祭祀天地，写祝文，经常会用到“嗣天子”“嗣天子臣”“嗣皇帝臣某”这样的称谓。不管怎么说，古代的人们认为，皇帝能够主宰人间，都是老天爷的意思，对待自己的老板，谦逊一点是应该的。

如果皇帝追封先祖，祭祀先祖，经常会用到“朕小子”“余小子”“予小子”这样的称谓。听起来口语化，有家庭内部称谓的味道。

那么皇子、公主该怎么称呼皇帝呢，是称父皇吗？

不可否认，“父皇”的说法最好听，也符合用语习惯，可唐朝并没有这个称呼。有理由相信，如果唐朝百姓发明了这个词，应该会成为皇室流行用语的。

如果您穿越成了皇子，请记住，那个年代先讲君臣，再论父子。如果不想犯错，可以跟着朝臣一起叫陛下、圣人等称谓。

如果是私下，或者书面的场合，您可以叫皇帝为“父亲”。

当然了，如果您觉得自己是人见人爱、花见花开的乖宝宝，想撒个娇，可以效仿民间的习俗，叫“阿耶”“耶耶”“阿爹”。

太子和诸王

碰到了太子、皇子，您也得知道他们的称呼。

回到贞观年间，如果您碰到太子李承乾，可以称呼他为“殿下”或者“太子殿下”。如果碰到魏王李泰、吴王李恪，直接叫魏王、吴王即可。

读者可能会好奇，能叫李泰“魏王殿下”吗？

客观地说，翻遍《旧唐书》《新唐书》，只有太子出现的时候，“殿下”这个词才跟着出现。您也知道，古人用语非常讲究，既然这样写，那殿下一词多半是皇太子的专利。所以还是别叫“魏王殿下”了，小心被人误会。

如果是皇子们自称，“寡人”这种复古的叫法算是最普遍的。

皇室兄弟之间，称呼可能随便一点。比如，李泰可以叫李承乾为太子，也可以叫他大哥，李承乾可以叫李泰为三弟。

在唐朝，“郎”也是对男子的一种普遍叫法，和我们现在的名字有异曲同工之妙，不分社会地位，不分职业，大家都可以叫。就拿魏王李泰来说，李世民和李承乾都可以叫他“三郎”，唐玄宗李隆基在皇室排行老三，他就喜欢别人叫他“三郎”。

如果是身边亲近的人，可以叫他们“郎君”。

后宫

在皇宫里晃悠，肯定会碰到一些女性大腕儿，比如皇后、嫔妃。

事实上，属于她们的称呼不太多。不管任何人，叫她们皇太后、皇后肯定是没错的。如果对方是嫔妃，可以称呼她们的头衔，比如贵妃、淑妃、昭仪，如果叫“姓氏 + 头衔”，那也是没问题的。

如果您是皇子或公主，那就效仿民间，叫皇后为“阿娘”“娘娘”“老母”“老亲”“母亲”。至于“皇后娘娘”“贵妃娘娘”之类的，您在电视剧里看看就好了。在唐朝，“娘娘”代表母亲，您这样叫，是打算捡便宜，认皇后当母亲吗？那风险也太大了。

这些贵妇都如何自称呢？

电视剧里好像有很多，比如哀家、本宫、臣妾、本后、本皇后等。但遗憾地告诉您，这些大都是戏曲里的说法，有些则是电视剧的发明，以上任何一种说法，都是不被官方记载或承认的。

就拿“臣妾”来说，男为臣，女为妾，后来泛指臣服于统治者的百姓。唐朝大诗人元稹写过一篇《授裴向左散骑常侍制》：“朕以将壮之年，臣妾天下，司其忿速，其在于持重温良之士以鉴之乎？”宋朝大诗人陆游写道：“上天佑仁圣，万邦尽臣妾。”您瞧瞧，“臣妾”不管是动词（统治天下）还是名词（被统治的臣民），都没有用来表示后妃的。

其实，皇后、嫔妃对外人通常自称为“吾”，对皇帝或长辈则自称“妾”“奴”“婢”等，视情形而定。

后宫还有宦官。如果您碰到了实权宦官，或者资历较深的宦官，尊称他一声“公公”，如果是一般的宦官，可以直呼其名，比如李狗儿、张大脚，绝对没毛病。

在皇帝面前，宦官可以自称为“奴婢”“老奴”，至于“奴才”

这样的称呼，是清朝才使用的。

宫里还有许多宫女，她们统称为“宫婢”“侍女”。在那个年代，宫女的社会地位很低，旁人很少会直接称呼她们。如果是主人叫她们，可以直呼其名，或者唤她们的小名。如果是宫女自称，则是“贱婢”“奴婢”。

妃和嫔是不一样的

如果您穿越到唐朝的后宫，有三类女人经常会出现在您面前。

第一类是后宫嫔妃。在唐朝后宫管理有限公司，皇帝是董事长，皇后是 CEO，其他嫔妃是高级管理者。皇后和嫔妃们全部是为皇帝打工的，只要皇帝愿意，可以撤掉任何管理者，包括皇后。

在唐朝后宫女强人排行榜上，武则天、长孙皇后、韦皇后可谓三甲。尤其是武则天，赤手空拳打天下，晋升为 CEO 之后，最终又挤掉李唐家族的继承人，自己做了后宫的董事长。

第二类是女官。她们是中层管理者，也是高管的私人秘书。皇室有服装、餐饮、文化、宫女培训等产业，女官就是分公司的管理者。

第三类是宫女。她们是基层打工仔，要没日没夜地加班，还没有绩效奖金，如果惹怒了领导，被开除是最轻的处罚，运气不好，很可能会丢掉小命。

对于后宫，朝廷也明确了头衔和等级，算是后宫女人的职业规划。

品级	头衔	编制	称谓
超品	皇后	1	
正一品	贵妃	1	夫人
	淑妃	1	
	贤妃	1	
	德妃	1	
正二品	昭仪	1	嫔
	昭容	1	
	昭媛	1	
	修仪	1	
	修容	1	
	修媛	1	
	充仪	1	
	充容	1	
	充媛	1	
正三品	婕妤	9	世妇
正四品	美人	9	
正五品	才人	9	
正六品	宝林	27	御妻
正七品	御女	27	
正八品	采女	27	

算下来，皇帝老婆的正式编制有122个，和所谓的“三千佳丽”相差甚远。

按理说，皇帝是天下的主宰，肯定不缺女人，好色的皇帝可能会无限扩编，无意于此的皇帝就少娶几个，但事实上，皇帝能娶多少老婆，他自己说了不算，真正有发言权的人叫戴圣。这位老兄是西汉的儒学大师，他写了一本书，名叫《礼记》，上面说得很清楚：“古者天子后立六宫，三夫人、九嫔、二十七世妇、八十一御妻。”

在中国古代，《礼记》就是历代王朝统治臣民的宝典，地位非常高。既然皇帝承认了戴圣的江湖地位，就得尊重他的意见。因此，您可以看到，历代王朝的后宫编制，基本上都是遵循《礼记》的编制。不过，皇帝虽然有122个后宫编制，但是不一定会满员。翻遍后宫嫔妃的名单，李渊有20个嫔妃，李世民有15个，李隆基有38个。

您可能会说，有些嫔妃的地位很低，史书没有记载。的确存在这种情况，可细算下来，实际数量与122人的编制还是相差悬殊。这是因为皇帝的精力是有限的，就算吃了补药，也很难驾驭这么多女人。更何况，后宫钩心斗角的事不少，娶122个嫔妃，那得乱成什么样？只要皇帝的智商在线，自然不会放任自己的后宫上演无休无止的争宠戏码。

在古代，为了显示皇权的尊贵和男人的地位，人们发明了很多词汇来代指皇帝与嫔妃的夫妻生活，比如侍寝、宠幸、临幸。

这是一种男女地位不平等的行为，皇帝拥有绝对的选择权。历朝历代，皇帝宠幸妃子都很随意，晚上去找谁，全看他自己的意思。

晋武帝因为后宫嫔妃太多，不知道找谁侍寝，于是坐着羊车在后宫溜达，羊宝宝停留在谁的寝殿门口，晋武帝就会在此处过夜。

唐朝还是比较尊重女性的，为了推行雨露均沾的皇恩，也为了体现尊卑有别的制度，后宫采取“轮流侍寝制度”，轮的就是月亮的圆缺，每月从初一到十五，月亮会越来越圆，这也象征后宫的等级。每逢初一，由御妻服侍皇帝，到了十五，由皇后亲自侍寝，其他日子按照嫔妃的级别轮流侍寝。每月十六，皇后继续侍寝，到了三十，则由御妻侍寝，规矩还是一样的。

理论上来说，皇帝如果有二十个嫔妃，那么每个人都有侍寝的机会，但是皇帝自然也可以拒绝前往嫔妃的寝殿。

拿武则天来说，她 14 岁入宫，第一个头衔是才人。起初，李世民还是很喜欢她的，还给她娶了“媚娘”的可爱称呼。可在相处的过程中，李世民慢慢发现，她性格强势，做事情果决，以至于李世民竟有些望而生畏，最终冷落了武则天近十年时间。

大部分皇帝的嫔妃不多，轮流下来，每个月总会有几天，皇帝没有嫔妃陪伴，这样一来，宫女就有了上位的机会。

唐敬宗李湛年纪轻轻时就生性浪荡，堪称风月场的行家里手。他表示，老祖宗的轮流侍寝制度虽好，却无法刺激自己的娱乐神经。于是，他脑洞大开，创造了风靡一时的侍寝制度：风流箭。

这种箭的箭头用布帛包裹，里面塞满了麝香或龙涎香。李湛将宫女召集在一起，让她们随意奔跑，然后蒙住自己的眼睛，向人群放出羽箭，被射中的宫女，身上香味扑鼻，自然就获得了侍寝的机会。

不过，李湛很早就被宦官弄死了，风流箭自然也跟着销声匿迹。

身为宫女，被皇帝宠幸是常事，可千万不能抱着“皇帝要对我负责”的天真想法。在万恶的封建时代，皇帝可能第二天就忘记了，如果宫女想找皇帝要名分，下场可能会很悲惨。

想进宫，要找对门路

说起来，后宫和官场其实是一样的。

想做官，可以考秀才，可以考进士，可以考制科，可以门荫入仕，可以直接为官，也可以流外官转入。您进入官场的方式，决定了您在官场的地位。

如果您打算进入后宫，也有很多方式可以参考。

第一种是礼聘，顾名思义，就是明媒正娶，重金下聘。

唐朝皇室很爱面子，皇室男性成员要结婚，首选底蕴深厚、家世显赫的门阀贵族，比如江南的王氏、谢氏、萧氏，关中的韦氏、裴氏、薛氏，山东的崔氏、卢氏、郑氏。一般而言，这些家族都是宰相辈出、家学渊源的书香门第，官宦家族凭借姓氏的招牌，就可以纵横婚姻市场。

为了和他们联姻，李唐皇室不惜重金下聘。比如，唐高宗李治的大老婆就是太原王氏家族的女子。贞观时期，李世民讨厌他们装大佬的作风，因此出版了《氏族志》，强行将他们的家族级别下调一等。可即便如此，房玄龄、魏徵等名臣还是觍着脸，花费重金求聘，只为和高门贵族结成一桩婚姻。

第二种是采选。皇帝想充实后宫或培养后宫的后备选手，或是皇室成员要结婚、纳妾，光靠礼聘肯定是不够的。然而，皇室又不想玷污自己的血统，因此会选拔一批高质量的良家少女入宫。她们要么出身官宦家庭，要么出身书香门第。

到了采选的时候，皇室会发通知，要求臣子把家族内的年轻女子送到皇宫，集中选拔，就和清朝的选秀女相似。不同的是，在唐朝皇室采选之前，民间女子是可以自由婚配的，这个比清朝的霸道条款强太多了。

起初，采选制度很正常，可到了唐朝中期，李隆基就把它玩坏了。

李隆基非常好色，为了充实后宫，他给宦官安排了一个职务叫花鸟使，这个职位的任务就是帮李隆基搜罗美女。

比如，花鸟使在民间晃悠时看到美女，可能会直接带回皇宫。再如，花鸟使听说某位官员的女儿很不错，于是闯到官员家里，凭诏书将女眷带走。

李隆基强抢民女的事儿，就连老色鬼元稹也看不过眼。他曾经写过一首诗，“天宝年中花鸟使，撩花狎鸟含春思。满怀墨诏求嫔御，走上高楼半酣醉。醉酣直入卿士家，闺闱不得偷回避，良人顾妾心死别，小女呼爷血垂泪。十中有一得更衣，永配深宫作宫婢”，说的就是此事。

按照正常流程，朝廷采选的都是良家女子，可花鸟使不管这些，只要容貌上佳，身材曼妙，不管你是农妇还是妓女、商籍子女，他们会一律带走。玄宗时期后庭宫女的人数暴增至六万，花鸟使功不可没。

一般而言，采选进宫的女子地位卑贱，都要从宫女做起。不出意外，她们会在宫中度过余生，没有爱情的滋润，没有男人的陪伴。如果运气好，偶然得到皇帝宠幸，可能捞个低阶的名分，但想晋升到高阶，除非家世很好。

总而言之，古代的后宫就是龙潭虎穴，能活下来就不错了，妄想通过进宫争宠来改变自己的命运，比中彩票还难。对于智商在线的女子而言，拒绝入宫才是追求幸福的终极之道。

第三种方式是进献。身为官员，巴结皇帝是重要的功课，进献女子就是一种手段。有的皇帝喜好女色，那就搜罗漂亮的女孩子；有的皇帝喜欢娱乐艺术，那就搜罗歌姬、舞伎；有的皇帝喜欢异域风情，那就搜罗胡姬美女。总能找到皇帝口味的。

进献一般是搜罗民间女子，有的是强抢民女，有的则是花钱买断。如果是官员自家的女儿，就需要皇家明媒正娶并给彩礼钱。如果只为讨好皇帝，就把女儿免费送到皇宫，绝对是很掉面子的事儿。如果这么干了，也必定为同僚所不容。可是在唐朝，某些没有底线的官员偏偏就这样干了。

中宗时期，一个叫郑普思的术士宣扬自己懂长生不老之术，受到了皇帝李显的重用，晋升成为秘书监。为了获得更高的官职，郑普思一咬牙，居然将自己的女儿送给了李显，以至于御史纷纷弹劾，同僚各种鄙视。

第四种叫罪没。官宦家族有人犯了谋逆大罪，皇帝震怒，可能会下令抄家灭门。但是，皇帝只杀罪臣家里的男丁，至于罪臣的妻妾、女儿、孙女，包括相貌出众的家妓，都会被朝廷收编。有些人到掖庭宫做手艺活，有些人到后庭做宫女，长相不好又没有手艺的，可能就要到官府做地位卑贱的奴婢。

贞观年间，庐江王李瑗谋反，汉王李元昌图谋不轨，家族的女子都被李世民收编了。玄武门之变，齐王李元吉和他的儿子被杀，李世民查抄齐王府，顺便收编了弟弟的老婆杨氏，两人还生了个儿子，后来过继给了李元吉。

一般而言，罪臣的女子入宫，皇室是不可能重用的。毕竟，这些女子身负血海深仇，如果在皇帝身边伺候时捅皇帝一刀，那就麻烦了。

第五种则是另类霸占，说到这个就离不开李隆基。

杨贵妃入宫之前，李隆基最宠爱的是武惠妃。武惠妃去世之后，李隆基寂寞空虚，日渐消瘦，身边的近侍告诉他，寿王李瑁的妃子杨玉环不错，李隆基便将她召进皇宫。

相遇的第一次，两人就互相看对眼了。然而，杨玉环是自己的儿媳，如果李隆基强行夺过来，岂不为世人所耻笑？李隆基思来想去，决定先让杨玉环出家为女道士，道号“太真”，这样一来，李瑁就不能和杨玉环行夫妻之实。过了几年，李隆基又重新给李瑁娶了一个媳妇，舆论也渐渐平息。于是，在儿子新婚之后，李隆基就将杨玉环召进宫中，册封为贵妃。

李隆基与杨玉环的绝世恋情举世皆知，然而，恐怕很少有人知道，为了得到杨玉环，李隆基这个局布了有五年之久。

后宫也有工资待遇

很多人可能都误以为，女孩子只要一进皇宫，就有吃不尽的山珍海味，享不尽的荣华富贵。毕竟从汉朝到清朝，后宫剧中的嫔妃要么忙着搞宫斗，要么忙着取悦皇帝，要么忙着聊天八卦，什么事都干，就是没人为钱财发愁。

真要回到古代，那可是另外一番光景了。

如果是很有野心的嫔妃，想扳倒其他的妃子，获得皇帝的独宠，情报工作肯定是要做的。像武则天那样收买对方阵营的宫女，这就需要很多活动经费。想要培养几个信得过的嫡系宫女，要是没有钱财开道，人家凭什么听你的话？而且，身为高级管理者，逢年过节，为了图个热闹，是不是也要给宫女赏点过节费什么的？

在美女如云的后宫，想要吸引皇帝的注意力，是不是要搞好自己的形象建设呢？比如，置办几套漂亮服装，使用最时髦的化妆品，或者佩戴名贵的珠宝首饰，这些东西从哪来呢？肯定是要花钱置办的。

唐朝初年，皇室崇尚节俭，为了节省布料，要求嫔妃都穿窄袖的上衣和窄幅的长裙。制度是好的，可毕竟影响了服装的美观，为了弥补外观的缺陷，嫔妃们争相在衣服上面绣金、银丝线，这笔钱都是嫔妃自己掏的。

没过多久，宫廷开始流行宽幅的衣服，随后，少数民族的胡服成为长安主流，布料一多，穿衣的成本也就增加了。

还有，宫廷虽然供给食物，可都是千篇一律的套餐，对于美食爱好者来说，这绝对是一种痛苦。有时候，嘴馋的嫔妃只能开开小灶，于是，钱又没了。

那么，唐朝嫔妃的经济来源都有什么呢?

首先是正儿八经的工资。嫔妃也是有品级的，从正一品到正八品不等。唐朝初年，一品妃子的月薪是 9.8 贯钱，八品御妻的月薪是 1.6 贯钱。

在古代，铜钱是硬通货。不管是朝廷府库，还是私人小金库，铜钱都是用麻绳穿起来保存的，一根麻绳穿 1000 个铜钱，这就是一贯钱。按照官方指导价格，一贯钱的价值是一两银子。

人的层次越高，花费自然越大。如果碰到大手大脚，或者是搞内斗争宠需要收买人心的嫔妃，这点钱肯定是不够花的。

开元时期，李隆基一声令下，嫔妃集体涨薪。像一品嫔妃的月工资涨到了 31 贯。

高阶嫔妃都有显赫的娘家背景，又有皇帝的宠爱，自然有她们的捞钱之道。而一般的御妻就很苦了，既没地位，又得不到皇帝的宠爱，还没娘家可依靠，有时候只能指望朝廷的基本工资过日子，能够涨工资，她们绝对是最高兴的群体。

第二项收入是皇帝赏的封户。在唐朝，封户分两种：一种是实封，一种是虚封。

就拿亲王来说，可以享受一万户的待遇。意思就是，这一万户百姓到了交租的时候，三分之二交给亲王，三分之一交给朝廷。

不过皇帝都不傻，不会随便把这些土地全都赏给权贵，因此这所谓“万户”就只是虚封。而在赏赐封户的诏书中，皇帝往往会加上一句“食实邑三百户”，这就是实封，这三百户才是真正属于亲王的封户。

在唐朝，后宫嫔妃也是有可能获得封户的。唐睿宗时期，贵妃豆卢氏、贤妃王氏就有封户两百的待遇。不过，能获得封户的嫔妃，要么是当红宠妃，要么是有突出贡献，一般嫔妃是很难获得的。这几百封户的微薄收入，也很难满足嫔妃的需求。

第三项是皇帝的常规赏赐。

唐朝统治者很有娱乐精神，爱过节，爱搞娱乐活动。比如端午节来临，皇帝会召集朝臣、皇子、宗室、外戚、嫔妃一起到曲江池参加游园会，有时会邀请知名的乐器大师、舞女、诗人参加。为了活跃气氛，皇帝肯定要发红包，有时候几十贯，有时候上百贯。每逢重阳节、端午节、中秋节、寒食节、除夕日等，也都会有赏赐。

再如，嫔妃生了皇子，皇帝一高兴，可能就晋升其头衔，赏赐金银珠宝，送一大堆新鲜零食，最后再封一个大红包。

和基本工资比起来，这部分收入很可观了。

第四项则是皇帝的非常规赏赐。

在赏赐方面，皇帝自然也有预算，嫔妃究竟能得到多少，有时候要靠自己的本事。

贞观时期，李世民有个贤妃叫徐惠，不仅才华横溢，性格温婉，还有一颗体恤百姓的良善之心。有时候，碰到李世民大兴土木，劳役百姓，徐惠就会大胆进谏，替老百姓说话。李世民的理想是做明君，别人越是进谏，越能显示他的高大伟岸。这个时候，李世民就会给徐慧赏赐钱财，以示鼓励。

第五项是嫔妃的灰色收入。

对一些朝臣而言，想在朝廷混出名堂，最重要的就是人脉和信息。很显然，后宫嫔妃正好同时拥有这两项资源。

官员想巴结皇帝，投其所好，首先要揣摩皇帝的心思。皇帝讨厌哪个大臣，喜欢哪个大臣，身为皇帝的枕边人，嫔妃多少能知道一些情况。

唐朝后宫管理不太严格，嫔妃和官员是可以接触的。尤其是开元时期，地方刺史、藩镇节度使、朝中大臣为了探听皇帝的情报，经常给嫔妃送礼。珠宝玉器、田产房产、精美服饰、地方特产，应有尽有，史书记载道："扬、益、岭表刺史，必求良工造作奇器异服，以奉贵妃献贺，因致擢居显。"

有时候，皇帝想提拔官员，却苦于没有合适的人选。这个时候，大臣可以走后宫的门路，让她们给皇帝吹吹枕边风，也就是所谓的"美言几句"。这个时候，大手笔的孝敬肯定是免不了的。

此外，还有一种最直接的捞钱方式，就是卖官鬻爵。唐中宗时期，韦皇后、上官婉儿有阴谋夺权的心思，为了拉拢更多的朝臣，她们直接干起了买官卖官的勾当，堪称唐朝历史上著名的丑闻。

女人也能做官

游走在唐朝的后宫，您会看到高高在上的嫔妃，她们是享乐阶层，也是后宫的高级管理者。还有许多宫女，有的是嫔妃的贴身侍从，有的负责打扫宫殿卫生，有的负责埋锅造饭，还有的负责看守殿门。

如果您细心一点，还会发现一群特殊的女人。

她们身穿颜色不一的服装，年龄多为二十几岁、三十几岁，有的人甚至超过了四十岁。看神情气质，她们从容不迫，举止不凡，和宫女有明显的区别。看工作内容，有的人拿着文书、印章、籍册来往穿梭，有的人指挥宫女摆放宫殿内的陈设物品，还有人陪伴在嫔妃的身旁，手中握笔，急急书写。

告诉您，她们就是传说中的“大唐女官”。

您别质疑，她们虽是女人，但也是有品级、有俸禄的官员。

事实上，女人做官，在汉朝就有了先例，但当时的女人地位不高，就连史官也懒得记录，因此无从查证。南北朝开始，女官制度逐渐成熟起来。唐朝算是中国女官制度的集大成者，影响了后世千年。

在唐朝内廷，女官的职责就是做好嫔妃们的服务工作，负责调教宫女。她们有独立的运作系统，统称为“六局二十四司”。

尚宫局（58人），下辖司记、司言、司簿、司闱。

尚仪局（46人），下辖司籍、司乐、司宾、司赞。

尚服局（40人），下辖司宝、司衣、司饰、司仗。

尚食局（46人），下辖司膳、司酝、司药、司饎。

尚寝局（36人），下辖司设、司舆、司苑、司灯。

尚功局（38人），下辖司制、司珍、司彩、司计。

六局二十四司的官职设置都是一样的。

就拿尚宫局来说，最高官员叫尚宫，有两个编制，都是正五品。其中，司记司有两个司记，官居正六品；两个典记，正七品；两个掌记，正八品。

尚宫局基本上直属皇后，掌管宫内所有文书的盖章，负责对外的联络工作，如宫女的籍册信息，嫔妃和宫女的工资、赏赐等。

比如，尚仪局制定了新的内廷礼仪制度，就需要尚宫局先签批盖章，然后才能实施。再如，皇后要给某嫔妃训话，就要由尚宫局传旨。

在电视剧里，您经常会看到，皇后搞个什么活动，都是让太监去传旨，这将女官置于何地，岂不是在让宦官抢她们的饭碗吗？显然有问题。

在古代，皇帝是“乾”，主外朝，皇后是“坤”，主内朝，大家都有自己的一摊子事儿，这可不是空话。六局二十四司，其实就是皇后的小朝廷。

皇后管着尚宫局，皇帝管着皇后，尚宫局自然也要听皇帝的调遣。当皇帝不方便叫外朝大臣的时候，有文化的女官就可以接触到实际政务。

比如，皇帝想给某位封疆大吏写信，不会亲自动笔，而是把大意说出来，由女官落实到纸上。有时候，皇帝想起草诏书，尤其是打草稿的时候，不好让中书舍人直接主笔，就会让女官代写。批阅奏折的时候，皇帝觉得累了，也可以让女官代批。

在使用女官的时候，历代皇帝都很谨慎，不会让她们参与太机密的事情，也不会把重要的审批权、信息转达权下放给她们。正因如此，唐朝很少出现掌握实权的女官。

尚仪局主管宫内的礼仪和起居事务，也很有地位。比如其下辖的司乐，负责教宫女们音乐知识。如果宫内要举办宴会，需要安排乐队表演，所有的乐器摆布、现场演奏等工作，全部由她们完成。皇后邀请命妇到内廷赏花、游玩，尚仪局要安排座次，还要负责礼仪引导。

您觉得自己可以坐尚仪局老大的位置？那请问，您知道长安有多少命妇吗？她们的江湖地位如何，与皇后的关系如何？如果宴会的席位安排错误，那可能就是一场惨烈的大战。

有时候，电视剧里会有这样的场景：某位国公爷的夫人，年轻时和皇后是好闺蜜，夫人想给自己的儿子求个官职，于是直奔皇后的寝殿。双方就臭小子的前途展开了友好的磋商，最后皇后答应给老公吹吹枕边风。

但真实的唐朝，可不是这个光景。

唐朝礼仪规定，命妇想要朝见皇后，要遵循以下礼制：将自己的姓名、品秩写下来，提前一天把名牌交给尚仪局，尚仪局把命妇们的名牌交给内侍省内谒者监。朝见当天，内侍省现场点名，确定她们的身份，再将她们带到皇后的寝殿。

说白了，长安的命妇这么多，没有这个规定，大家想求见就求见，那皇后的寝殿岂不成了菜市场，恐怕一整天都不会安静吧。

其他四个局分别主管后宫的日常生活用度。

比如尚寝局，负责宫殿的打扫、寝殿用品、宫殿陈设等事务。在电视剧里，您会看到殿内的烛火一直是亮的，那都是尚寝局安排人更换的。当然，具体工作由宫女完成，女官只是监督者和管理者，就像工地上的包工头。

如果您是尚寝局司苑的女官，还要负责管理后宫种的瓜果蔬菜，该播种的时候播种，该施肥的时候施肥，果实成熟后，再进献到各位嫔妃的寝殿。

尚食局，负责后宫膳食、米面、酒水、药材等的管理和分配。听起来很像北京新发地批发市场？那就错了。春天来了，应该吃什么样的食物，各宫嫔妃的饮食风格是什么，食物的温、凉、寒、热如何搭配，尚食局的女官都要心知肚明。这样算来，尚食局的女官至少要达到养生专家和美食达人的专业水准。嫔妃进餐之前，尚食局要安排人先试饭菜，确保食物里没有毒。冬天到了，各个宫殿都要烧炭取暖，尚寝局要负责发放炭材。

除此之外，宫里还有一个独立运作的神秘部门。其负责人叫宫正，官居正五品；副手叫司正（编制 2 人），官居正六品；下设典正（编制 2 人），官居正七品；还有一些打杂的女史，主要做文书工作。

以司正为首的女官，整日游荡在后宫，监督六局下辖的公职人员，有人敢偷懒，或者工作犯了错，她们就会记录在案，上报给宫正。如果是一般的过错，宫正可以直接处置，如果是重大过错，或者是平级的尚宫、尚仪等官员犯罪，宫正可以给皇后上奏折，弹劾她们，地位堪称后宫的御史。

算下来，整个皇宫只有两百多名女官，却要负责几十名嫔妃的生活起居和几万名宫女的日常调度、调教，由此可见，她们绝对是管理层的精英，要么身负特殊的才华和技能，要么见多识广，所以才能控制得住场面。

您是不是特别好奇，女官都是何方神圣，竟然这么厉害。

有的女官原先就名声在外，被皇室按特殊人才招募。在唐朝，女人本来就有地位，不是任人蹂躏的阶层。更何况，唐朝出现了武则天、太平公主、韦后等实权人物，她们活在金字塔尖，有独立的女权意识，也希望男人们尊重女人。为了提高女性的社会地位，能拉一把是一把。

武则天创业的时候，先后请裴行俭的妻子库狄氏、颜真卿的祖母殷氏、司马慎微的妻子李氏入宫。这些人都是品行高雅、名噪一时的妇女。

您可以说武则天自己是女皇帝，所以重视女官。那唐德宗时期的“尚宫五宋”，足以证明唐代女性真的是受社会重视的。

唐朝有个诗人叫宋之问，学富五车，才华横溢，就是人品不怎么样。他卷到宫廷斗争，还站错了队，最后被李隆基赐死，宋氏家族也开始走上了下坡路，一连持续了几十年。

到了宋廷棻这一辈，生了一男五女，儿子蠢笨如猪，但宋若莘、宋若昭、宋若伦、宋若宪、宋若荀这五个女儿个个才华横溢、聪慧机敏，堪称大唐学霸。她们对知识有着狂热的兴趣，于是集体宣布，要单身一辈子，只做学问。

唐德宗李适听说此事，赶紧将她们召进皇宫。究竟是做嫔妃，还是做女官，李适没有乾纲独断，而是征询她们的意见。经过友好和谐的磋商，李适最终将她们任命为内宫“女学士”，让她们教习宫女文化知识，李适也从未越雷池一步，对她们很尊重。

宋氏五姐妹有学问，人品高雅，深得大家的尊重，历经德宗、顺宗、宪宗、穆总、敬宗、文宗六朝，堪称唐朝历史的一个奇迹。

女官的另一个来源是良家妇女中的佼佼者。这种方式和采选很相似，只不过采选的女子都是十几岁的黄花大闺女，而女官的年龄则从二十岁到四十几岁不等。而且，女官大都是已婚妇女，或是寡妇，或是不打算结婚的女子。

宫女也可以晋升为女官。这种案例，唐朝史书上的记载很少，上官婉儿算是一个。

在当时，能做女官，有正规品级，能拿朝廷俸禄，绝对是女性同胞的福音和荣誉。但是当你获得某样东西，自然要付出相应的代价，女官付出的就是自由。

做了女官，您就别想着早晚打卡上下班了，只要进了宫，您就基本丧失了和亲人团聚的机会。当然了，武则天自己是个女人，也体谅女人的艰辛，于是给女官开了先例：每年放假一次，以便女官和亲人们团聚。

有些女官没有结婚，没有要见的亲人，也不会被皇帝宠幸，只能独身一辈子。因此如果她们碰到讨人喜欢的小宫女，有时候会收为养女，聊以自慰。

身为女官或宫女，难免有个头疼脑热。您千万别以为尚食局提供药材，您就可以直接找她们拿，那些药材都是专供嫔妃用的，自取等于监守自盗。如果女官生病，若是轻微症状，一般会找内侍省奚官局拿药服用。如果得的是重症，通常要到“患坊”就医，里面有医师、医监、医正，他们都是太医署外派的医生。

女官也有俸禄，但是她们的品级和朝廷官员有差别，按照什么标准发放，史料没有明确的记载。不过可以猜想，愿意抛弃家庭和亲人，长时间在宫内当值，女官的收入和地位应该不会太差。

皇室礼乐

在唐朝皇宫里，还有一类女子比较另类，那就是“宫妓”。

武德年间，皇室就有了娱乐产业，那时的官方说法叫“礼乐”，基本囊括了歌曲演唱、舞蹈、乐器演奏等领域，其中，音乐大致分为雅乐和俗乐。

雅乐就是宫廷音乐，著名曲目有《神乐歌》《东游》《大和歌》等，每逢皇帝祭祀天地、宗庙，或者举办重要的外交宴会，有关部门就会安排庄严肃穆的雅乐。简单地说，雅乐是国家的文化象征，也是皇室维护正统的文化武器。

雅乐的主管部门叫太常寺，是级别最高的文化主管单位。

如果皇帝宴请群臣，或者自己喝喝小酒，那就安排俗乐。如果说雅乐是古典音乐，俗乐就是流行音乐，专供大家消遣的。唐朝有个《秦王破阵乐》，原创者就是李世民。起初，这首曲目是李世民的俗乐，后来经过宫廷艺术家的加工，编排成了气势宏大、壮观威武的歌舞表演节目，最终升级为朝廷的雅乐。

对皇帝们来说，雅乐太正式，太不接地气，很难满足他们平时的消遣需求。因此，历代皇帝都会搜罗民间的音乐、舞蹈素材，网罗民间的专业歌手和舞者，让他们为皇室服务。隋文帝、隋炀帝、唐高祖、唐太宗都经常干这种事。

武德年间，李渊在内廷设立教坊，由太常寺主管，教坊专门管理俗乐，在教坊工作的女子就是宫妓。

唐玄宗李隆基是个艺术欣赏家，他觉得俗乐是个庞大的艺术生态圈，因此将教坊从太常寺独立出来，开始将它发扬光大。

开元时期，李隆基在蓬莱宫设立了内教坊，在长安和洛阳分别设立了左、右教坊，五个教坊共有两千多人。他还开设梨园，收编了三百名乐器表演艺术家，再加上宜春院、云韶院等机构，宫廷的宫妓多达数千人。

《新唐书·礼乐志》记载："玄宗既知音律，又酷爱法曲，选坐部伎子弟三百，教于梨园。声有误者，帝必觉而正之，号皇帝梨园弟子。"

在唐朝，宫廷乐舞分为坐部伎和立部伎。

如果要演规模宏大的歌舞，比如《秦王破阵乐》《五方狮子舞》，需要 64 人到 180 人，就由立部伎演出，她们一般站着演出。

如果是小规模的歌舞，比如《小破阵乐》《天授乐》，演奏者为 3 人到 12 人，她们一般坐在堂上表演，统称为坐部伎。李隆基是专业欣赏家，为了把两种表演分开，特地开设梨园，专门培养坐部伎的乐器表演大师。

宫妓来源主要有三类：第一类是民间乐师；第二类是犯罪官员的女眷，经过专业培训成为宫妓；第三类是官员为讨好皇帝而奉送的家妓。

精通箜篌的女子经常在酒肆或者马路边卖艺，可能会碰到朝廷的“星探”，如果他们觉得女子水平不错，大概率会将其招到教坊。唐诗有云“十三初学擘箜篌，弟子名中被点留。昨日教坊新进入，并房宫女与梳头”，说的就是这种。

做了宫妓，就算是一线明星，也有不可言说的痛苦。

第一，宫妓有单独的户口，叫“乐籍”，只要拥有这个户口，子子孙孙都是乐籍。在唐朝，士农工商排在前面，乐工外表光鲜，其实不受社会的尊重。

第二，宫妓吃着朝廷的粮食，代价却是失去自由，没了恋爱和结婚的权利。很多女子终其一生都是在教坊虚度光阴。

引领潮流的皇家娱乐活动

说起娱乐精神，唐朝皇室称第二，没有哪个朝代敢说第一。

唐朝的皇帝，有一个算一个，从马术到蹴鞠，从下棋到打猎，全部是行家里手。在皇室的影响下，堪称全民搞娱乐。什么室内的室外的，休闲的竞技的，文雅的激烈的，各种活动应有尽有。

球类运动

看了那么多电视剧，您掰着手指头数一数，都有哪些球类运动呢？

好吧，蹴鞠可能是大家最熟悉的。

战国时期，齐国就出现了蹴鞠运动。那时候的“鞠”，里面填充的是动物的毛发，外面用两块动物的皮缝制而成。球里面不是空气，弹性就会不足；填充物多，重量就会提高，球的操作性变差，观赏

第十章 在大唐出门旅行是一种什么体验？

请出示大唐“户口证明”

在唐朝，老百姓分为编户和非编户两种。

所谓编户，就是可以立户籍的百姓，也叫良民，相当于大唐公民。官员、读书人、商人、农民都属于这一类，您想立户籍，找当地官府办理即可。

所谓非编户，就是不能立户籍的百姓，也叫“贱民”。

在电视剧里，您经常看到大户人家养着许多家丁、部曲、奴婢，他们就是“贱民”，无法拥有独立的户籍，只能挂靠在主人的户籍下。对他们来说，尊严和自由是奢侈品，在主人眼里，他们就像是牲口，可以在人口交易市场自由地买卖。

给官府服役的工匠、乐师，民间的妓女、艺人，也都是贱籍。他们的户口由官府管理，比如乐师、艺人、妓女统统属于乐籍，也叫乐户。

对“贱民”来说，他们无法和良民通婚，如果生了孩子，也得挂靠在主人家里。孩子想读书，想科考？对不起，贱籍没有读书考试的资格。贱籍想通过奋斗改变自己的命运，希望非常渺茫。除非为朝廷立了大功，官府愿意升籍。

假如您穿越成为大唐一位普通的农民。在落地的第一天，您在村里溜达，刚好碰到了里正。瞧您的外形，身材高大，英俊潇洒，皮肤白皙，不像普通的农民。于是里正大喝一声："嘿，你是哪家的郎君？"直觉告诉您，这是要查您的身份证。不要惊慌，您就说是村东头宁家的儿子，离家多年，刚刚回来，等着上户口呢。

朝廷规定，每三年造一次户籍，今年刚好是上户年份，被您赶上了。根据上户程序，首先需要户主准备"手实"。

造籍当年的一月份，或者前一年的年尾，县里就会发通知，让里正督促户主整理"手实"，就是让户主把家庭的基本情况上报给里正。

根据历史记载和出土文物显示，手实的内容必须包括以下几项：

户主的姓名；

户籍下面挂靠的良民和贱民人口（姓名、年龄、性别、体貌特征）；

家里的田产，包括朝廷赏赐的田；

已受田的亩数、四至，要标注哪些是口分田（去世后，朝廷要收回的），哪些是永业田（去世后，可以传给儿子的）；

园宅地（宅基地）的情况；

户主的保证词。

一份唐朝百姓的手实，大概就是下面这样：

1.户主　宁和才　年四十岁　丁男　右足跛　左颊黑痣
2.母赵　年六十二岁　老女
3.妻李　年三十五岁　丁女
4.子德华　年二十岁　中男　废疾
5.子三丰　年十八岁　中男
6.弟　和德　年十八岁　中男
7.妹　和忍　年十五岁　中女
8.右件人　见有籍（意思是以上人口都是有正规户籍的）
9.父　宁有钱　年六十三岁　老男
10.右件人　籍后死（意思是上次造籍后，以上人口去世，在此说明）
11.合受田
12.一段二十亩（永业田）城北廿里新兴　东渠　西道　南道　北曹君定
13.一段十亩（口分田）城西七里沙堰渠　东渠　西张延守　南第延守　北鞠善亮
14.一段十亩（口分田）城西五里马堆渠　东张沙弥子　西张阿仲　南道　北渠
15.一段十亩（口分田）城西五里胡麻井渠　东渠　西鞠文济　南渠　北曹粟堆
16.一段四步居住园宅
17.牒件通当户新旧口、田亩段数四至，具状如前
18.如后有人纠告、隐漏一口，求受违敕之罪，谨牒（意思是如果朝廷查出隐瞒了户口信息，自己甘愿受罚）

可见，手实的信息比身份证丰富多了。在现代，如果搞一场相亲见面会，要问家里有没有房，有没有车，有没有产业，家里几口人。要是放在唐代，两人见面，交换手实，所有信息就一目了然了。不过，手实是官方登记用的，普通老百姓是无法持有的。

下一个程序是里正审核。填写完手实后，就要把它交给里正，里正会重新审核。在这个时候，千万别试图跟里正套近乎，他是朝廷的胥吏，维护朝廷利益才是他的职责。越是巴结里正，里正越会

觉得其中有鬼。更何况，如果里正没查出问题，县里面的领导查出来了，里正就要接受惩罚，少不了吃一套鞭笞“套餐”。

手实上说，宁和才是“丁男”，宁德华是“中男”，这是什么意思呢?

依照唐律，不管男女，刚出生的孩子为“黄”，年满四岁叫“小”，年满十六岁为“中”，年满二十一岁为“丁”，年满六十岁为“老”。核对登记人口的年龄，这样的写法没有任何问题。

就在这时，里正突然又发问：“宁德华的身体倍儿棒，怎么是‘废疾’？”

对现代人来说，这是个新词汇。唐朝政府把残疾分成了三个等级：眼睛瞎了一只、手指缺少两个、大脖子病、耳朵失聪之类，称为“残疾”；腿脚折断一只、侏儒病、痴哑病之类，称为“废疾”；双眼全瞎、两只腿脚全部折断、神经癫狂之类，称为“笃疾”。

经过里正核验，宁德华去年干农活的时候，不小心把眼睛弄瞎了一只，应当属于残疾，而不是废疾，于是里正会在手实上重新注明。

可以说里正很无情，可他也是依法办事。在古代，成年男丁要承担国家的徭役赋税，有的家庭为了逃税，或者逃避兵役，可能会瞒报信息。安史之乱期间，政府会强行征兵，如果父母把儿子送到战场，可能就意味着与儿子永别，因此，很多父母会故意折断儿子的胳膊或腿，让他成为残疾，宁愿养他一辈子，也不愿让他被拉上战场送命。

没办法，战争就是这么残酷。

在户口登记阶段，手实是很重要的文件，不能随便找个破布头或破木板敷衍了事，一定要找一张干净的白纸填写。如果老百姓不会写字，可以找村里的读书人或者里正帮忙填写，按个手印，手实就算生效。

下一个程序就是里正编造户籍初稿。

等里正核实完所有信息，就要开始收手实了。这个时候，他会把双手一摊，说道："交钱吧。"

别惊慌，关于户籍收费，朝廷有着明确的标准，每个人收一文钱，每户单独再收一文造册的钱，童叟无欺。这些钱都要上缴给官府，用于户籍的制作。唐朝非常重视户籍，用纸和装帧都是顶级配置。翰林学士起草文书用的是白麻纸，而户籍用的却是规格最高的黄麻纸。手实收集完毕，里正就会将它们粘连成册，逐级上报到县政府。

接下来，县政府就要组织"团貌"，即验明真身，然后编制户籍。

古代没有照相取样技术，官府为了保证户籍人口和现实人口是对应的，必须注明体貌特征，哪里有痣，哪里有伤疤，都得写清楚。

比如，宁和才"右足跛，左颊黑痣"，这就是他的"团貌"信息。官府要发放春耕补贴，邻村有个同名同姓的人想冒名顶替，偷吃您的补贴，官府只要核对他脸上是否有黑痣，就可以辨明真身了。

除了团貌，县政府还要评定每个户的等级，这个工作要提前一年完成。

朝廷规定，根据人口、财产数量，户口分为九个等级，分别是上上等、上中等、上下等、中上等、中中等、中下等、下上等、下中等、下下等。若是被定为上上等户，说明您家境殷实，在村里有地位。不过，每逢交税、服役的时候，您就自觉点儿，给村里多做点贡献吧。

所有信息都核实无误之后，县政府就要开始编造户籍稿，再送到州府。州府按照朝廷的制度，统一编制正式的户籍，在骑缝处备注：某州某县某年籍，比如“陕州陕县贞观二十年籍”，陕州刺史要在“陕州”处盖上大印，陕县县令要在“陕县”处盖上大印，这才算正式的户籍。户籍制作三份，一份由县政府留存，一份由州政府留存，还有一份送到尚书省户部，全部存档于籍库（籍坊）。如果不出意外，三月三十日前，户籍工作就会全部完成。

一般而言，州县的户籍要保存 15 年，中央的户籍要保存 27 年。也就是说，如果朝廷调阅尚书省的户籍档案，可以查到全国任何一位百姓的信息，而且可追溯到二十几年前的旧档。如果户部官员有兴趣，可以统计过去几十年某县的出生率、死亡率，户口增减的详细信息。这也算是官府用来管理老百姓的数据库了。

出趟远门得办“护照”

穿越到唐朝，不管您是农民还是商人，不可能永远待在老家，有了钱，又有了时间，总想出门逛逛，到远方走走。

有的人愿意把一辈子耗在家里的一亩三分地上，有的人却不安分，想出去闯闯，或者打打零工，赚点零花钱补贴家用。如此一来，您就要走出县城，走出州府，甚至走出国门了。

即便是现代，出趟门也得审查身份证甚至护照，在管理难度更大的古代，官府能随便放您过关吗？

在官府的眼里，您可能是逃兵，可能是逃户，可能是逃犯，可能是逃奴，也有可能是人口贩子。如果允许您随便走动，国家要承担多么大的风险。为了保护国家编户的稳定，保障朝廷徭役赋税的稳定，必须进行全国限流。

当然了，限流不代表禁止出行，民间想搞个异地相亲，商人想做桩生意，官员要出门办个事，只要带着官方证明文件，那就没问题了。

唐朝的交通路网非常发达，以长安和洛阳为中心，往东可以到达朝鲜半岛，往北可以到达如今的蒙古国，往南可以到达印度，往西可以到达中亚，连接这些地方的主干道路叫驿道，据有关学者估测，唐朝的驿道长度有六七万里。

为了管理路上的行人，朝廷在京城、边关设置了26个重要关口。其中，包括6个上关，如京兆蓝田关、华州潼关；13个中关，如京兆子午关、同州龙门关；7个下关，如凉州甘亭关、河州凤林关。

只要是在大唐帝国活动的人，不管是官方背景的，还是非官方背景的，想通过关隘，必须拥有官府发放的“公验”，也就是出行证明文件。

传递公文的官差，他们拿的叫“符券”。

朝廷的快递人员，他们拿的叫“递牒”。

朝廷征调的丁夫，他们拿的叫“总历”。

走马上任的官员，他们拿的叫“告身”。

至于老百姓，拿的叫“过所”，可以理解为“临时护照”。

在唐朝，有两种机构可以办理临时护照。

第一种机构是尚书省刑部下辖的司门司，地点在长安。这个机构主管全国重要的关口和桥梁道路，负责出入境证件的办理、关税的征收，堪比后世的海关。主管官员是司门郎中、司门员外郎。

第二种机构是户曹、司户，地点在州、府的治所。州里面的主管机构叫户曹，主管官员叫户曹参军，都督府和都护府的主管机构叫司户，主管官员叫司户参军。

不管是哪个机构，办理的“过所”都是全国通行有效的。换言之，您可以在任何地方办理临时护照，不受户籍的限制。

假设您是一位长安的商人，您的表哥在凉州认识了几个外国朋友，通过他牵线搭桥，对方订购了许多货品，希望您尽快从长安发货。这个时候，您就需要了解过所办理的基本流程了。

首先，填写一张申请表，基本内容都有统一的格式。

1. 外出的理由，目的地，途经哪些关隘。

比如，您是长安人，想去凉州做生意，途经 3 个关隘，全部要写清楚。在您的过所中，凉州是最远的终点，如果您临时起意，打算去碎叶城跑一趟，对不起，沿途的关隘是不会承认您的过所的。这个时候，您就属于非法出境，官方说法叫“私度”。在唐朝，如果您私自出境，官府会邀请您住到牢房，时间为一年。如果是战争年代，被当作间谍处死也是有可能的。

2. 您的姓名、籍贯、性别、年龄，以及随从人员的信息。

3. 您携带的奴婢、牲口、物品的信息。

比如，您携带了五匹马，甲马的毛是黄色的，马龄为三岁，乙马的毛是黑色的，马龄为四岁。还有您运送的货物，种类如何，数量多少，都要写清楚。

唐朝历史上，经常有主人带着家奴出门办事，让家奴保管货物，结果家奴监守自盗，或者路上遇到强盗，货物被劫走。只要所带物品与过所的登记数量不一致，您就会受到官府的盘问。如果丢失的货物不多，也不是什么违禁物品，给守关的官差塞点钱财，或许可以混过去，否则，您还是折返回家，别摊上麻烦。

有时候，愚蠢的家奴会心生歹意，偷盗主人的过所、货物，打算自己发财。然而，过所的申请人是主人，家奴偷盗别人的护照，等待他的只有刑罚。

4. 您需要找一至五名保人，证明您是合法编户，外出后会返回原籍，所携带的奴婢与牲口的来源都是合法的。

5. 您出门之后，有关事务如何安排。在您出远门期间，如果遇到官府征调赋税、徭役，谁来帮您承担，您都要写得清清楚楚。

我们来看看唐朝百姓的过所申请表是怎样的。

贞观二十年，庭州人米巡职辞：

米巡职年叁拾，奴哥多弥施年拾伍，婢娑匐年拾贰，驼一头，羊拾伍口。

州司：巡职今将上件奴婢驼等望于西州市易，恐所在烽塞，不练来由，请乞公验。请裁，谨辞。

保人张三：巡职所将人畜，保并非寒盗诓诱等色。

妻乌琦施：夫巡职去后，所有户徭一事以上，并请隔壁老王祇承。

写好申请书后，交给当地的县级政府，由县令或县尉做第一次审核。

在唐朝，官府会重点核查申请人与随行人员的身份，只要您不是逃户，没有徭役在身，不是潜逃的罪犯，官府是不会为难您的。

如果官员审核信息不仔细，让您成为漏网之鱼，那他就要吃一年的牢饭。

县衙审核完毕后，会把申请书申报给刑部的司门郎中、司门员外郎，或者户曹参军，司户参军，由他们再次审核。

如果信息无误，主管官员会写上审核语。比如“巡职庭州根民，任往西州市易，所在烽塞堪放，怀信白。二十一日”。怀信就是主管庭州临时护照办理的官员，他签批完毕后，会申请盖上庭州的大印（如果是在长安，则盖上尚书省的大印）。按照规定，过所一共有两份，一份签发给申请人，一份存档备查，有效期一律为一个月。

来吧，拿着您的过所，开始策马奔腾，遨游大唐地界吧。

从长安出发，每到一处关隘，有关部门都会查看您的过所，并在上面盖一个章，证明您已经路过此地。经过某个县城时，您觉得有些疲乏，想找个旅馆住下，或者吃个大餐。此时，县衙的公人看到您是生面孔，可能会让您出示证件。不要惊慌，潇洒地掏出您的过所，他们就会安静地离去。

有一天，您来到一处关隘，掏出过所交给小头领，打算过关。

小头领瞄了瞄您的随身行囊，眼珠子转了转。

您：麻烦您帮忙盖个章，让我通关吧。

小头领：不好意思，您这是假的通行证明，我不能让您过。

您：这是庭州刺史府盖的章，难道有假？

小头领：少聒噪，俺说假的就是假的，您赶紧回去吧。不然的话，就判您私度之罪，请您蹲一年牢房。

看来，这位头领看您是只大肥羊，想找您索要好处。

遇到这种情况，您可以破财消灾，也可以选择抗争。

唐律规定，百姓持有官方盖章的过所，却遭到关隘无端为难的，只要自己被扣留一日，负责人就要被鞭笞四十。扣留时间越久，负责人的处罚就越重。这种时候，和他背背法律条款，他自然就服软了。

出门在外，总会遇到很多意外。比如，天降大雨，道路泥泞；或者遇到难缠的纠纷，延缓了行程。看看您的过所，有效期是一个月，可现在已经过了二十五天，怎么办?

先别急，回想一下后世的进京证，唐朝的过所其实和它是一样的。拿着您的过所，找州府的主管部门，让他们帮您延期即可。

在唐朝，官府确实不鼓励百姓随意出行，可越是人口众多、商业发达的社会，出行越是不可避免。就拿农民来说，他的本业是种地，可官府也知道，光靠种地养活一大家子人，大家迟早得饿死。

因此，只要农民不脱离自己的户籍，该服役的时候能回到村子，官府是不会阻止他们出门打工，给商人做做脚力，搬运搬运物品什么的。

光凭这一点，就能看出大唐王朝的包容、开放。

有钱你也得知道怎么花!

银子：只是一种收藏品

许多读者都喜欢看唐朝历史剧、古装剧，里面经常有这样的桥段。

比如，男一号去酒馆吃饭，结果碰到了女一号，为了吸引女一号的注意，于是和坏蛋打了一架，顺便把店家的桌椅板凳全部砸烂。临走的时候，男一号从怀里掏出大块的银元宝，潇洒霸气地丢给店小二，然后来一句：够不够赔你的?

比如，在后宫斗争中，贵妃娘娘为了收买帮手，命婢女端出一千两银子赏给外臣作为活动经费。各位看官，唐朝一两银子大约是 42 克，一千两银子大约是 84 斤。那么问题来了，贵妃身边的婢女都是大力水手吗?

再如，皇帝查抄贪官的家产，结果在仓库发现许多箱子，打开之后，里面堆满了银光闪闪的元宝（中间大肚子，两边长着胖耳朵）。

好吧，电视剧看多了，大家也就信以为真了。其实这只是编剧的臆想。

在唐朝，银子不是通用货币，样子也很丑陋。

原因很简单，唐朝有银子，也有银矿，可国家没有足够的开采能力。据《新唐书》记载，唐宪宗元和年间，整个国家每年只能开采一万两千两白银，却可以开采二十六万六千斤铜。也就是说，如果要铸造货币，铜的储备肯定要比银多。如果看钱币的稳定性，白银容易被氧化，而铜币更加稳定，因此适合流通。

国家开采的白银，大部分被皇帝收走，铸造成银碗、银杯、银首饰，留着自己享用，或者赏赐给有功的大臣。白银最终的归属，其实是艺术收藏品、战略储备，而不是在市面上流通的银钱，或者银锭。

如果您想上街吃零食、买胭脂、喝花酒，请记住：千万带着铜钱。

您说您知道铜钱，外圆内方，叫五铢钱。

又错了。五铢钱是唐朝之前的货币，而李渊就是五铢钱的终结者。

“铢”是古代的重量单位，二十四铢为一两，十六两为一斤。

一铢是多少呢？老祖宗告诉我们，挑100颗饱满的黍（黄米），它们的重量就是一铢。但是每个朝代黍的重量不一样，衡量的标准不一样（也有144颗黍、96颗黍的说法），钱币的重量肯定也不一样，这怎么办呢？

唐朝初年，钱币制度就已经崩溃了，因为市面上流通的五铢钱五花八门。

李渊下诏：同志们，铸造属于唐朝的货币吧，就叫“开元通宝”。

开元？这个我懂，唐玄宗李隆基的年号，这小子还会造钱，不错嘛。

身为穿越者，如果您对唐朝百姓说出这样外行的话，别人肯定会笑掉大牙。所谓的“开元”，有着开辟新纪元、走进新时代的美好寓意。请记住，开元通宝是唐高祖李渊的得意之作，和李隆基没有半毛钱的关系。

一个开元通宝，就是电视剧中的一文钱，重两铢，一千个铜钱就是一贯（缗），重六斤四两。一直到清朝末年，“宝”系货币都是历朝历代官方出品的硬通货。仅此一点，后世皇帝都应该感谢李渊的创举。

李渊还说了，一两等于十钱，一钱等于十分，一分等于十厘，也就是说，李渊用十进制的计算方法，取代了古时候的二十四进制。

不仅如此，铜钱的铸造是有严格配方的。比如，天宝年间，一枚铜钱的含铜量是 83.32%，白蜡 14.56%，黑铅 2.12%。铜钱也有假的，比如铜钱里面掺杂铁、锡等金属，就是劣质的铜钱。

让我们回到贞观年间吧。有一天，您想上街买大米，一斗米的价格是五文钱，您只需要带着五个铜板上街，就可以扛几斤大米回家。有没有觉得很方便、很划算？

当然了，如果发生通货膨胀，比如一斗米的价格是三百文，或者您想买昂贵的奢侈品，那就得扛着几公斤，甚至十几公斤的铜钱上街。有人可能恍然大悟，古代官宦家族的小姐姐们逛街，身边为何要带着丫鬟和小厮，就是因为需要他们帮着小姐姐扛钱啊。

在唐朝生活，免不了大额交易，可是铜钱太重，那怎么办呢？

如果您有绢帛、实物，或者白银，那也是可以的。前面说了，白银不是流通的货币，但是有收藏、保值的功能，当铜钱不方便交易的时候，商人还是愿意接纳白银的。按照官方规定，一两白银可以兑换 1000 个铜钱，可因为铜的价格是波动的，所以铜钱的价格也是波动的。

比如您的生日快到了，正在马市溜达，准备入手一匹“宝马”。

您：老板，这匹黑色的马看着不错，怎么卖呀？

老板：七千文。

您：收银子吗？

老板：没问题。

这时，您左手掏出七两银子，右手准备把马牵走，老板却拦住了您。

老板：客官，您这钱不够啊。

您：不是七千文吗？

老板：最近铜价上涨了，一两白银只能兑七百文钱。

也就是说，原本七两银子的马，现在您得支付十两银子。

白银不是流通货币，没有官方的报价，只能随行就市，这就是差别。

至于绢帛，包括绫、罗、绸、缎、丝、帛、锦、绢等。像技术含量高、外观好看、市面上稀少的锦、绫等丝织品，绝对是市场的抢手货，您要是带着这几样东西逛街，绝对可以卖个好价钱。

在唐朝，价格昂贵的实物，也可以拿来做大额交易。

比如在武侠电视剧里面，有些江湖英雄没有收入，穷得身无分文，因此变卖手中的祖传宝刀，或者胯下坐骑，请相信，这是真的，导演没有骗您。

存钱：您得倒贴服务费

前面说过，一千枚铜钱的重量是六斤四两。如果您是一位商人，在长安做生意，收到一万贯铜钱，好吧，热心的我帮您算一下，应该是六万四千斤。请问，您怎么把钱运回扬州老家呢？古代没有高铁和飞机，如果用牛车把钱运回家，可能还没到扬州，就已经被绿林好汉抢走了。

有了异地大额交易的需求，柜坊这种新奇机构自然就诞生了。

在唐朝，柜坊是个超级复杂的东西。比如，它可以存放珠宝玉器、古玩字画等贵重物品，很像后世银行的 VIP 保险箱，因此有个“僦柜”的别称。又如，它可以经营存取款业务，很像后世的银行，因此有个“寄附铺”的别称。

如果您生活在唐朝初年，想在长安找到全国性品牌的柜坊，那是不可能的。原因很简单，连老李家的钱财都不够用，更何况民间的货币流通。既然没有大额交易的需求，柜坊也就没有存在的意义。开元时期，国家的铜钱储备越来越多，商品经济越来越发达，铜钱逐渐成为主要流通货币，柜坊便横空出世。

假设您是个长安的大富豪，而且有异地取钱的需要，可以先找个全国连锁的柜坊，在长安的柜坊存钱，拿到柜坊开具的存钱凭证。凭证上面有您的名字、存钱的数量、存钱的时间，以及其他信息。长安柜坊会通过自己的渠道，将留存的凭证送到扬州的柜房，您拿着存钱凭证到扬州“合券”，核对无误，就可以取出铜钱。

需要提醒您，把钱存到柜坊，柜坊不会给您算利息。相反，因为您享受了柜坊的异地取款服务，您还需要给柜坊一笔不菲的服务费用。没办法，柜坊的盈利模式很简单，在没有超额的投资收益前，柜坊只能赚取服务手续费。

因为您在长安存钱，在扬州取钱，钱好像飞到了扬州，所以叫“飞钱”。因为飞钱方便兑换，所以也叫“便换”。嗯，很朴素的取名方式。

请记住，柜房开具的存款凭证不能用于支付，不能流通，只能作为定点取款的凭证。所谓的“飞钱”，不是真正的钱，只是一种货币的经营方式。

当时，不仅商人在经营“飞钱”，地方官员也插手了这项生意。

唐朝中晚期，地方藩镇强势崛起，他们不仅控制了军事大权，还掌控了地方财政大权。有了钱，他们自然想搞点投资。彼时，各地藩镇节度使、军使、地方官府都在长安有“进奏院”，也就是驻京办事处。如果商人有需要，可把钱存在“进奏院”，获取存钱凭证，回家之后找他们取钱就可以。

“飞钱”是新生事物，风险很大。

比如，柜坊的老板跑路怎么办？不承认客户的凭证，强行耍赖怎么办？朝廷很操心这个事，于是约谈柜坊的老板，让他们别干了。

问题是，经营“飞钱”是暴利行业。

关于资本，马克思曾经说过：如果有10%的利润，它就保证到处被使用；有20%的利润，它就活跃起来；有50%的利润，它就铤而走险；为了100%的利润，它就敢践踏一切人间法律；有300%的利润，它就敢犯任何罪行，甚至甘冒绞首的风险。

在暴利的诱导下，柜坊的老板彻底无视了朝廷的禁令。

在唐朝，“飞钱”有助于商业经济，中央政府心知肚明，但其不喜欢的点可能有两个：一是“飞钱”是高风险行业，容易引起社会矛盾；二是既然是暴利行业，凭什么中央政府不能经营呢？唐宪宗李纯想了想，干脆我也搞这个生意吧。

于是他下令：户部、度支、盐铁三个衙门，你们同时经营“飞钱”，正当竞争，既然是国营机构，手续费便宜点，每一千钱抽取百分之十吧。

您要是商人，可能就把钱交给户部了吧？毕竟，在您的思维模式中，这是国营机构，很难破产，而且政府应该不会耍赖。不过，唐朝的商人告诉我们，唐朝官府就是暴力机构，也是强权机构。强权意味着不平等，暴力意味着难以沟通，对待官府，最明智的选择就是只可观望，不可合作，更不能交友。

历史证明，李纯的“飞钱”招牌挂出来后，客流量几乎为零。

到了最后，李纯只能注销国营机构的招牌，承认民间“飞钱”的合法性。

您可能突然想到一个问题：柜坊这么强大，能兑换黄金和白银吗？

遗憾地告诉您，柜房可能不太愿意和您做这笔生意。

前面说过，金银不是流通性货币，而是稀有物品。

比如，您拿着白银上街吃胡饼，总共消费了 2 文钱，却给了老板一两银子，难道要老板给您找 998 文钱？老板整个下午恐怕就只能给您数铜钱了。好吧，去大店铺，消费可能高一些。问题是，老板是生意人，要的是资金的流动性。

什么叫稀有物品？意思就是市面上很少见到，那您能证明您的金银来路是正的吗？

柜坊表示，几两金银的生意，它们没必要做，成百上千两的金银生意，它们不敢做。如果您真的有兑换金银的需求，也有个好去处：金银铺。

据史料记载，唐宣宗年间，长安、扬州等地就出现了金银铺，它们主营金银的鉴定、金银首饰的制作和买卖。如果您有小批量的金银，它们可以兑换。因为历史的原因，金银铺只能算小众的业态，一直到宋朝才慢慢崛起。

当铺：它的名字叫质库

您梦想着穿越到唐朝做一位挥金如土的富家子弟，可半路上出现差错，来到了家徒四壁的穷苦人家。就在此时，您的肚子发出了呱呱叫的抗议，您需要吃饭，您需要穿衣，可口袋里没钱，怎么办？

机智的您看到手上有一块通体温润、色泽淡雅的玉佩，于是想到了当铺。游走在街头巷尾，您拉住一位路人甲，问他当铺在哪个方位，路人甲肯定会一脸疑惑地望着您，弱弱地问上一句：“当铺是什么东西？”

那就对了，当铺是明朝才有的说法，在唐朝，它叫“质库”，不过它们的运作规则都一样：您把私人物品抵押给当铺，当铺评估物品的价格，给您一笔抵押金，双方约定赎回物品的时间和方式，到时候您带着钱赎回即可。

想说清楚当铺，还是讲讲它的渊源和故事吧。

当铺，本质其实是典当行业。最早的说法叫“质”，东汉《说文解字》中，对“质”的解释是“以物相赘”，也就是用物品交换钱财。《后汉书·刘虞传》正式出现了“典当”的说法。南北朝时期，典当行业才迎来爆发性的发展。

南北朝时期，皇帝们推崇佛教，佛教寺院坐拥无数的钱财和土地，再加上皇家的赏赐、民间的香火钱，堪称富可敌国。寺院的大佬们很清楚，皇帝推崇佛教，是因为佛教有庞大的群众基础，是皇家统治百姓的手段。因此，为了获得更好的口碑，佛教寺院决定做点慈善，给老百姓提供点便利。

就这样，佛教寺院设立了一批“质库”。那时候，放贷的对象一般是临时缺钱的百姓，或者家道中落的富家子弟。因为有临时救济的目的，放贷的利息不是很高，只有佛教寺院才愿意经营质库。

到了唐朝，官府屡次打压寺院经济（唐中宗李显、唐武宗李炎都有过），佛教寺院的质库生意也受到了一定程度的波及。可话又说回来，典当行业就是稳赚不赔，甚至是高利润的行业，谁能不馋呢？在唐朝，官府、地主、贵族、富商抓住商机，一举统治了这个行业。比如，太平公主就下海开设了质库。

到了唐朝中晚期，质库已经全面渗透到了百姓的日常生活当中。

杜甫的诗里写道，“朝回日日典春衣，每日江头尽醉归”，说的就是因为质库的存在，杜甫才能日日买醉，夜夜浪荡。白居易的诗里写道：“典桑卖地纳官租，明年衣食将何如。”好吧，一个是逍遥的神仙，一个是操心的庄稼汉。

既然质库是生意，大家肯定要想着赚钱，这是天经地义的。佛教寺院赚钱，可他们有救济百姓的原始想法。问题是，到了官府、贵族、地主、富商这些嗜血的阶层，还能指望他们大发慈悲，做人人喜爱的观世音菩萨吗？

很显然，他们捞钱的智慧有多高，您的苦难就有多大。

绝招一：故意压低您抵押物品的价格。

张三，富豪张家的儿子，因为老爹经营不善，以至于家庭破产。为了维持高水平的生活质量，张同学打算将老爹收藏多年的南朝古画《斗鸭图》抵押。按照市场价，这幅古画价值一万贯，可如果把古画卖给其他有钱人，张同学会永远失去这幅画，他思虑再三，最终决定先抵押，等有钱了再赎回。

张三：老板，将这幅画抵押。您能给多少钱？

老板：2000 贯。

张三：您看清楚了，这是南朝陆探微的画，就值这个价？

老板：就这幅画，您拿到哪儿，都只有这个价。

张三：老板，急等钱用，您再加点吧。

老板：看在你老爹的面子上，给你 3000 贯吧。

张三：谢谢老板，谢谢老板。

瞧瞧，这就是典当老板的嘴脸，如果让他们评估价格，一般是原价的 30%，最高不会超过原价的 50%。为何要这样设置？因为老板的资金也是有限的，定价越低，老板的支出就越少。

绝招二：故意贬低您抵押物品的成色。

相声名家刘宝瑞有个作品叫《当行论》，里面有个段子，说某位老兄缺钱花，于是把崭新的皮袍拿到当铺，当铺的掌柜评价道："老羊皮袄一件，虫吃鼠咬，缺襟短袖，少钮无扣，没底襟儿，没下摆，没领子，没袖头儿……"瞧瞧，在掌柜的嘴里，新的皮袄就像是小屁孩用的尿布。

这就是质库惯用的伎俩，明明是全新的物品，就给你说成六成新的东西，明明是九成新的物品，就给你说成破烂玩意儿。掌柜们这样干，就是为了压低物品的价格，如果保存期间物品出了问题，赔偿的价格也会变低。

哼哼，您想和当铺讲理？

瞧瞧电视剧里面的当铺，柜台永远比人头要高，进门之后，您就比老板低了一级。交易的过程中，您如果暴跳如雷，想痛揍老板，就是让您摸不到。

绝招三：交易不对等，赚您的差价。

还是遭殃的张三同学，《斗鸭图》换了3000贯钱，掌柜给您钱的时候，您发现其中有不少铜钱是劣质的，也就是里面掺杂了铁、锡等金属。因为掌柜的是大爷，您没法和他讲理，只能带着钱回家。

三个月后，您有钱了，想赎回这幅画，您带着铜钱去质库，掌柜清点铜钱，发现其中有不少劣质的铜钱。哼哼，掌柜大吼一声：您这里面有假钱，俺们不能收啊，回去换货真价实的铜钱，再来赎回您的画吧。

一进一出，质库是不是就在铜钱上赚了差价？

绝招四：高额的利率，拼命地压榨您的财富。

现代社会，法律明确规定：如果民间借贷的年利率超过24%，就属于高利贷。年利率在24%以内，国家保护双方的利益。年利率超过24%，未超过36%，国家承认超额利息的存在，但是不能保障债权人的超额利益。如果年利率超过36%，国家不承认超额的利息，也不保障债权人的利益。

如果您回到唐朝，您就会明白，什么才叫真正的高利贷。

张三，您继续出场吧。

接下来，张三和质库的掌柜打算交易了。掌柜拿到货，会给张三开一张凭证，可以理解为当票。上面清楚地写道：月息六分。当然，还有其他的信息，比如当票六个月后到期，时间一到，张三偿还本金和利息。

月息六分，也就是6%的月利率，古代不计算复利，那么年利率就是 78%。张三得到 3000 贯的本钱，一个月就要交 180 贯的利息。可想而知，当铺会有多赚钱。

6% 的利率是怎么来的呢？唐《开元二十五年令·杂令》规定："诸公私以财物出举者，任依私契，官不为理。每月取利不得过六分，积日虽多，不得过一倍，又不得回利为本。"

六个月后，如果张三带着 3000 贯的本钱，以及 1080 贯的利息到质库，双方可以愉快地完成交易，下一次再继续合作。可您知道，张三挥金如土，却没有任何收入，他凭什么还钱啊？大多数的情况是，张三变成了老赖。

如果碰到了"老赖"，或者"死当"的情况，质库也有办法。

比如，双方在契约中明确约定：限期六个足月为满，过期不赎，即行变卖，以归当本。在后世，行业潜规则一般是"明一暗二"。也就是六个月后，当铺会继续保留一个月的时间，一个月到期后，当铺还会再保留一个月的时间，以免张三突然有了钱，想要赎回自己的《斗鸭图》。

按照契约规定，张三已经违约，可就怕碰到无赖，坚持索要原物。这种情况下，当铺会继续完成交易，但可以肯定，掌柜绝对会额外敲诈张三一笔。

最坏的情况是，八个月后，张三告诉老板：俺没钱了，无法赎回原物。

好吧，那就只能启动拍卖程序。

有一天，老板邀请张三出席拍卖会（可能是私下的性质），质库掌柜将《斗鸭图》卖给了章老板，成交价是 6000 贯。掌柜拿回

3000 贯的本金，1440 贯的利息，剩下的 1560 贯交给张三，交易到此结束。

质库捞钱的小伎俩，两个手指头根本数不过来。

古人说过：穷死莫典当。这可是警世名言，切记切记呀。

注意！别一不小心认了个干爹

对唐朝男子而言，最受欢迎、使用频率最高的就是“某”了。它的意义等同于如今的“我”。不管你是行走江湖，还是官场交际，都可以使用。

在自称里，“某”是极少数不卑不亢、有礼有节的称谓。

混迹在古代，难免受到等级思想的制约，比如商人遇到官员，佃户遇到了地主，除了用“某”，还可以用表示谦卑、谦逊的称呼，比如“仆”“愚”“鄙人”“老朽”“下走”等。

事实上，有些称呼古已有之，而且是代代相传的。

例如，诸葛亮的《出师表》“愚以为宫中之事，事无大小，悉以咨之”，司马迁的《报任安书》“仆非敢如此也”，唐朝李复言《续玄怪录》“鄙为崔氏妻，二男一女”。

如果想玩诙谐风格，可以用“小子”，例如，韩愈《芍药歌》“花前醉倒歌者谁？楚狂小子韩退之”。

如果是皇宫的太监，面对主子，可以自称为“老奴”“老仆”，例如，《新唐书·李辅国传》“老奴死罪，事郎君不了，请地下事先帝矣”。

如果对以上答案不满意，您可以直接说自己的名字，也是一种尊敬。例如，您叫柳无忌，可以对别人说：“无忌今日刚吃了个瓜，肚子有点疼。”

在普通场合，唐朝百姓虽然用自谦的称呼，却看不出他们的卑微和自损。

在唐朝，“我”和“吾”是用于书信、文书之中的自称。此外还有一种自称，叫“贱人”。

您没看错，如果回到唐朝，有文人雅士给您写信，里面用到“贱人”这个敏感词汇，请不要惊慌，他不是在骂您，而是称呼自己。例如杜甫的《奉赠韦左丞丈二十三韵》中说：“文人试静听，贱人请具陈。”

在电视剧里，还有“小可”“在下”“小生”“晚生”“不才”等称谓，不过这些多出现在戏曲、文人笔记中，而且集中在元、明、清三个朝代，唐朝是不流行这些称呼的。比如“晚生”，就是宋朝百姓在年长、尊贵之人面前的自称。

女性在古代也有相应的自称，最常见的就是“妾”“婢子”“妾身”等。女人自称为“妾”或“婢子”是谦卑的自称，不管是面对丈夫，还是面对陌生人，都可以这样自称。虽然是妾，却不代表身份的卑微。

“妾”的衍生称呼还有“贱妾”。在古代家境殷实的家庭里面，男性通常有一个正妻，几个小妾，如果是排名靠后、地位低下的妾，可能就要自称为“贱妾”。

如果是老年妇女，可以自称为“老身”，这是古代流传下来的称谓。

如果您在朱雀大街溜达，迎面走来一个衣着体面、温文尔雅的读书人，您想上去攀谈，可以说：“看足下（阁下）的穿着打扮，想必是一名进士……”

“足下”和“阁下”是对陌生人的称呼，代表尊重、礼貌。它们在书信中出现得也比较多。例如，白居易《与刘苏州书》“阁下为仆税驾十五日，朝觞夕咏，颇极平生之欢”，韩愈《与孟东野书》“与足下别久矣，以吾心之思足下，知足下悬悬于吾也”。

如果是朋友之间，称呼就可以随意点，比如称“君”“卿”“郎”“公”等，听起来亲切，而且显得自己有礼貌。不过直接叫“君”和“郎”有时候也不太合适，比如您在人群中高喊一声“郎”，很可能会同时有十个人回应你，这样会很尴尬。因此，最靠谱的还是“姓+郎”一起叫，比如刘郎、李郎等。如果关系亲密，还可以叫“排行+郎”，比如三郎。

如果是好友之间，称呼就更随意了。例如，白居易经常称呼元稹为“元九”，就是姓氏加对方在家中的排行。

如果是对下级、平辈或者小字辈，可以称呼“汝”“你”“尔”等。

在古代，还有一种流行的称呼，就是称“表字”。比如李白字太白，杜甫字子美。两人在酒肆吃饭，可以互相拍马屁：“太白兄，你风流潇洒，气度超脱，长安不知道有多少人仰慕你。”“子美兄，你博古通今，满腹经纶，理当高居庙堂，权掌中枢，为天下读书人多建点儿经济适用房（安得广厦千万间，大庇天下寒士俱欢颜）。”

早晨起床，看到老爹在院子里散步，最好上前打个招呼，以示礼貌。这个时候，叫他耶耶、阿耶、阿翁、阿爹、爹是最靠谱的，杜甫《兵马行》中的“耶娘妻子走相送”就是明证。

如果是正式场合，比如写书信，或者家中来了客人，那就用“父亲”。

对了，“大人”也是父亲的代名词。在电视剧里，老百姓碰到官员，都会尊称一声“大人”，那些都是编剧虚构的。在唐朝，千万不能叫官员为“大人”，否则人家会误以为你是他的私生子，那就麻烦了。“大人”这个词，就是父亲的代名词，庄重而正式。

至于母亲，“阿娘”“娘娘”“母亲”这三个称呼最靠谱。

如果穿越到皇宫，碰到了皇后或者贵妃，千万别效仿电视剧的称呼，叫她们“娘娘”。如果皇后开心了，她可以认领你为义子义女，但是如果你冷不丁要认皇后为老妈，肯定是不会有好结果的。

看到了爷爷，就叫他“祖父”或者“阿翁”；看到了奶奶，就叫她“祖母”或者“阿家”。杜甫《示从孙济》中说：“阿翁懒惰久，觉儿行步奔。”

在现代，夫妻之间的称呼有很多，比如老公老婆、亲爱的、我们家那口子、孩子他爹他妈等，肉麻、非主流不要紧，最重要的是叫出个性。

回到唐朝，晚上睡觉之前，夫妻甜言蜜语。男人可以称赞道：“夫人，你今日美若天仙，其他人与你相比，犹如众星拱月，不值一提。”于是，妻子满面娇羞，内心窃喜，嗔怪道：“郎君，你好坏呀。”

请注意，“夫人”是唐朝通用的称呼，自己的老婆、别人的老婆、打算婚配的女子，都可以叫她“夫人”。

还有一种称呼叫“良人”，夫妻之间可以互叫，相当于“亲爱的”。李白《子夜吴歌》中说：“秋风吹不尽，总是玉关情。何日平胡虏，良人罢远征？”

电视剧里经常见的称呼是“娘子”，但在唐朝，“娘子”专指未出嫁的少女。唐玄宗时期，杨贵妃宠冠后宫，宫女开始用“娘子”称呼她，可这并不是夫妻之间的称谓。一直到元朝，“娘子”才成为已婚妇女的代名词，到了明朝，这个称谓彻底被夫妻接纳。

适合夫妻的亲昵称谓，在唐朝其实不多，其中最时髦的应该就是“老公”“老婆”。

相传，唐朝有个叫麦爱新的读书人，考中功名后，他开始嫌弃妻子年老色衰，于是动了纳妾的念头。有一天，他在案头放了一副上联“荷败莲残，落叶归根成老藕”，暗示妻子人老珠黄，着实有些过分。妻子也是个文化人，她察觉到丈夫的念头，于是提笔写了一副下联：“禾黄稻熟，吹糠见米现新粮。”

单说对联，以“禾稻”对“荷莲”，以“新粮”对“老藕”，对仗工整。最主要的是，妻子暗示他始乱终弃，而且用“新粮”暗示“新娘”，非常机智。

老麦读了妻子的下联，感叹妻子是个宝藏女孩，于是放弃了原先的想法。妻子见他回心转意，不忘旧情，于是又写了一联：“老公十分公道。”老麦回帖道：“老婆一片婆心。”随后，这个故事流传开来，“老公”“老婆”也就成为夫妻之间的称谓，一直流传到今。

兄弟之间的称谓相对简单。

在家中，可以直接称呼“大哥”“二哥”“阿哥”“阿兄”，另外，“郎”也是对男子的称谓，兄弟之间也可以互称“二郎”“三郎”。

如果您是个有福之人，刚好穿越到殷实的官宦家庭，家中肯定会养着大批的仆人、奴婢，他们对您的称呼也是有讲究的。

看多了电视剧，您肯定喜欢“老爷”这个称谓，因为它形象而准确地表达了您的家庭地位。有一天，您升堂高坐，仆人对您说道：“阿郎，远房表亲前来拜访，已到门口。”

您千万别发火，不是人家不愿意叫，而是真没有“老爷”这么时髦的称谓。出现频率最高的，无非是“阿郎”“主君”“主人”。

“少爷”这个词，也是后世才有的，仆人一般叫少主人为“郎君”。

对主母可以叫“娘子”或“夫人”，男主人的第二任妻子，则被称为“后娘子”。至于男主人的老妈，则被叫为“阿婆”或“老夫人”。

电视剧中，最时髦的称谓是“小姐”，不管是贴身的婢女还是打杂的奴仆，都是一口一个“小姐”。事实上，从宋朝开始，“小姐”就已经和妓女画上了等号，而在此之前，是没有这个称谓的。即便是现在，也不能随便叫姑娘为“小姐”。在唐朝，把主人家的女儿叫“小娘子”即可，如果有排行，就叫“大娘”“二娘”“三娘”等。

有一天，您家的奴婢犯了大错，给您惹了大麻烦，为了出气，您可以叫他们“贱婢”“贱奴”“狗奴”。现在看来，这些称谓很低俗，可是在古代，法律规定人有尊卑之别，尤其是奴婢，堪称主人的附属物，可以被自由买卖，这样的叫法也就不足为奇了。